ANDREA HENRIQUE

DETOX 8

Programa de 8 dias para desintoxicar seu organismo

Este livro é uma obra com o objetivo de consulta e com sugestões de cardápios. As suas orientações são baseadas em pesquisa, mas cada pessoa é única. As receitas e técnicas aqui descritas têm o objetivo de complementar e não de substituir as orientações de um programa dietético.

ANDREA HENRIQUE

DETOX 8

Programa de 8 dias para desintoxicar seu organismo

alfalivros

Sumário

Que diferença faz ter sangue ácido (tóxico)?

Introdução — 8
Um pouco da minha história — 9

O processo de Detox — 12
Detox — 13
Organismo intoxicado = organismo ácido — 14
Alcalinizar = desintoxicar — 17
Alcalinos x ácidos — 17
Por que os ácidos dos limões são alcalinizantes? — 17
Que diferença faz ter sangue ácido (tóxico)? — 18
Produtos tóxicos — 18

O despertar da nova consciência — 21
Alimentos orgânicos — 22
Alimentos crus — 22
A importância de um intestino saudável e desintoxicado — 22
Intestino x Detox — 24

Dicas para o Detox do corpo físico — 25
Alimentos que potencializam o Detox — 25
Cúrcuma — 22
Spirulina — 25
Clorela — 25

Terapias corporais 25
Esfoliação corporal com café 25
Esfoliação com escova 27
Drenagem linfática 27
Sauna 27

Alimentos que sobrecarregam o organismo e geram toxinas ... 27
Proteínas de origem animal 28
Laticínios 29
Gordura hidrogenada 29
Óleo de canola 30
Transgênicos 30
Adoçantes – aspartame 31
Sódio e temperos prontos 31
Refrigerantes 32

Detox Emocional 32
Desintoxicando 33

Cardápio 36

Suco Verde 38
Dia 1 40
Dia 2 52
Dia 3 64
Dia 4 76
Dia 5 88
Dia 6 100
Dia 7 112
Dia 8 (líquidos) 126

Dicas pós Detox 134

Introdução

Que seu remédio seja seu alimento, e que seu alimento seja seu remédio.
Hipócrates

Fico muito feliz em compartilhar com vocês mais um trabalho.

Quando minha editora sugeriu fazer o *Detox 8*, eu me perguntei qual seria o propósito deste livro. Como poderia contribuir para melhorar a vida dos leitores? O que eu poderia passar através de um segundo livro que fosse além do objetivo de ensinar apenas receitas saudáveis? Acredito que devo partir do princípio de que não somos apenas um corpo físico. Temos nosso corpo emocional, que também precisa de desintoxicação.

Como conseguir isso?

Estou buscando também a melhor forma de pôr essa ideia em prática e nas próximas páginas dividirei com vocês um pouco do meu aprendizado, com 7 dias de Detox e 1 dia de Detox líquido.

Um pouco da minha história

Muitos de vocês acompanham minha trajetória profissional. Quem leu meu primeiro livro (*Detox*: Programa para desintoxicar seu organismo em 7 dias!) sabe um pouco de como tudo começou, mas vou dividir com vocês mais um pedacinho da minha constante busca por evolução.

Eu me considero uma alquimista: adoro fazer experiências na cozinha e ver o que sai. Criar, recriar, desconstruir receitas faz parte do meu dia a dia. Amo o que faço e cozinhar, para mim, é algo sagrado.

Se você me perguntar como e onde começou essa relação com a comida, não vou saber explicar, pois cozinho desde os oito anos de idade e o que proponho nos meus pratos é o que vivencio diariamente.

Ser vegetariana não foi uma escolha racional. Nasci assim, meu organismo sempre rejeitou proteínas de origem animal. Mesmo com a insistência da minha mãe, nunca consegui comer nenhum tipo de carne vermelha. Não adiantavam as ameaças de que eu ia ficar anêmica, ou de que eu não ia crescer... Sempre tive muita resistência a ingerir qualquer tipo de bicho.

Ao me tornar adulta, tomei posse do que eu era, e quando me perguntam o porquê disso, a resposta é: por compaixão, ética e amor aos animais. Ser vegetariano não é dieta! É uma filosofia de vida, cheia de renúncias e recompensas.

Ao longo de tantos anos nesse universo da gastronomia vegetariana e saudável, sempre foi um desafio elaborar receitas sem produtos de origem animal, sem manteiga, creme de leite, temperos prontos, mas com sabor, que surpreendessem meus clientes. Quis mostrar que era possível cozinhar desse modo!

Quis mostrar que é possível ter uma alimentação saudável e equilibrada.

Quis mostrar que é possível comer pratos saborosos.

Quis mostrar que é possível ter uma apresentação incrível dos pratos.

Que é possível fazer substituições por proteínas vegetais.

Que é possível ser reconhecida como chef e entrar no alto circuito gastronômico, mesmo indo contra tudo e todos da gastronomia tradicional.

E consegui!

Meu trabalho passou a ser conhecido na Europa e fui convidada a trabalhar com um seleto grupo de nobres europeus. Viajava com a minha equipe multidisciplinar composta por nutricionista, *personal trainer* e terapeutas, fazendo Detox Home Spa. Quando voltava ao Brasil, tinha tanta procura que resolvi montar um delivery de comidas Detox. Foi então que criei a minha primeira empresa, a Detox In Box, em 2008, e fui uma das precursoras da alimentação Detox no Brasil. Conquistei e fidelizei os meus clientes, entre eles um grande número de celebridades que buscava nossos serviços. Através da Detox In Box, conheci a Giovanna Antonelli, que se encantou pela minha comida e me chamou pra montar um restaurante. Um projeto que só foi concretizado cinco anos depois.

Em 2014, eu e minha irmã, Anisia Henrique, começamos a concretizar um sonho que estava guardado: nos unimos a Giovanna e depois ao Reynaldo Gianecchine, que se apaixonou pelo nosso projeto e proposta. Em 2015, abrimos nosso primeiro restaurante, o Pomar Orgânico. Um projeto lindo e verdadeiro.

Nossa filosofia é oferecer comida consciente. Não utilizamos nenhum tipo de produto com glúten. Só trabalhamos com proteínas de origem vegetal e com amor. Priorizamos produtos orgânicos e sem processos industrializados.

Continuo à frente da minha primeira empresa, a Detox In Box, sou sócia e chef executiva do Pomar Orgânico, palestrante, escritora, e lancei há pouco tempo a minha primeira linha de suplementos veganos, a *Vegan Nutrition*, oferecendo a atletas opções veganas, sem lactose, sem glúten e sem corantes. Uma vida inteira dedicada a germinar a semente da alimentação consciente.

E agora divido com vocês mais um lindo trabalho: o livro *Detox 8*.

O processo de **Detox**

Detox

No meu primeiro livro, ressalto que o nosso organismo tem grande poder de desintoxicação, que temos funções naturais de eliminação de toxinas através do fígado, rins, intestino, sistema linfático e pele. Aí vem a pergunta que muitas pessoas me fazem: então, se nosso organismo elimina suas próprias toxinas naturalmente, é realmente necessário fazer um Detox?

Minha resposta é sempre a mesma: o objetivo de um programa de desintoxicação é retirar os itens que ingerirmos diariamente e que geram acidez e toxinas, potencializando assim as funções de eliminação natural do organismo. Acredito que não existem fórmulas mágicas, muito menos fórmulas industrializadas que você encontrará em prateleiras. A única maneira de estimular e potencializar a desintoxicação é alimentar-se corretamente, hidratar-se e movimentar seu corpo físico.

Sempre recomendo o acompanhamento de um profissional de Nutrição e de Educação Física para desenvolver o seu plano alimentar e orientar as suas atividades físicas, de modo personalizado, conforme os seus objetivos e as suas restrições físicas. É bom ressaltar: cada ser humano é único; cada um tem suas limitações físicas, condicionamento, metabolismo e objetivos diferentes, e ter um profissional ao seu lado é fundamental. A proposta deste livro é dividir com vocês minhas pesquisas e conhecimentos, compartilhar receitas saudáveis, veganas e alcalinas para potencializar as funções naturais de desintoxicação que seu organismo possui, não substituindo, assim, qualquer orientação nutricional ou médica.

Objetivos de um Detox

O DETOX traz muitos benefícios à saúde porque renova totalmente as funções de eliminação do organismo, aumentando a vitalidade e a energia de todo o corpo.

O DETOX não é uma dieta, mas um tratamento que busca restaurar a saúde intestinal e possibilitar, com maior sucesso, a reposição de prebióticos e probióticos.

O objetivo de um DETOX é potencializar as funções de eliminação de toxinas do organismo, que são executadas através dos órgãos excretores citados acima (rins, fígado, intestino, sistema linfático e pele).

Organismo intoxicado = organismo ácido

Neste segundo livro, quero abordar um conceito fundamental em um DETOX: alimentação alcalina.

É importante você saber que nossa saúde depende do equilíbrio correto entre os ácidos e os alcalinos de nosso corpo. Muitas vezes, por causa de uma alimentação errada, hipohidratação ou por causa do estresse emocional, desequilibramos totalmente nosso pH, tornando-o ácido. Isso pode ocorrer devido ao consumo excessivo de alimentos industrializados, açúcar refinado, café, proteína de origem animal, álcool, fumo, remédios e outros itens processados que contenham aditivos químicos.

Um organismo ácido está totalmente relacionado a um organismo intoxicado. Esse fator de acidez pode desequilibrar várias funções extremamente importantes no organismo, entre as quais gostaria de destacar:

- **Diminuição da capacidade do corpo assimilar minerais e outros nutrientes**
- **Diminuição da produção de energia nas células**
- **Diminuição da capacidade do seu organismo reparar células doentes**
- **Diminuição da capacidade do organismo livrar-se de minerais pesados, o que aumenta a probabilidade de reprodução de células tumorais, tornando o corpo mais suscetível à fadiga e a doenças**
- **Diminuição geral do funcionamento do metabolismo**

As substâncias ácidas em excesso são verdadeiras toxinas! Elas podem se acumular nos tecidos e articulações ao longo dos anos e intoxicar o organismo, sobrecarregando os órgãos de eliminação e desencadeando, dessa maneira, processos inflamatórios e tóxicos.

Os sintomas de desequilíbrio no pH ou hiperacidez são: fadiga, alterações da concentração, dores musculares, articulares e neurites, cálculos renais e biliares, assim como acidez digestiva. São em geral sinais de desgaste e da descompensação corporal.

Alcalinizar = desintoxicar

A alimentação Detox e alcalina que venho propor serve para todos que querem atingir um nível de saúde por meio das escolhas diárias do que se coloca no prato, priorizando alimentos alcalinizantes e buscando assim um organismo equilibrado e desintoxicado.

Precisamos nos conscientizar da importância de ingerirmos alimentos vivos (frutas, sementes, verduras, brotos, grãos germinados etc.), integrais e alcalinos. São itens necessários no dia a dia para reverter os efeitos de muitos anos de alimentação inadequada e para reestabelecer a sua saúde.

Alcalinos x ácidos

Quando pensar em alimentos alcalinos e ácidos, é importante você saber que a maioria dos produtos industrializados é ácida, pois contém aditivos químicos, como conservantes e corantes.

Já os alimentos naturais podem se dividir em três categorias: altamente alcalinos, moderadamente alcalinos e ligeiramente alcalinos.

Alguns alimentos são altamente alcalinos, como algas marinhas, couve, pepino e salsa. Outros são moderadamente alcalinos: abacate, aipo, alface, beterraba, brócolis, gengibre e tomate. E outros são ligeiramente alcalinos: agrião, aspargo, azeite extravirgem, cenoura, ervilha, lentilha, limão, quinoa e repolho roxo.

O ideal seria uma alimentação com mais de 80% de alimentos alcalinos e 20% de ácidos, dando condições ao corpo de garantir a manutenção do equilíbrio alcalino-ácido.

Por que os ácidos dos limões são alcalinizantes?

A resposta é simples: quando digerimos o suco de limão, ele produz um resíduo alcalino. Por isso, o limão é classificado como alimento alcalino. Quando digerimos um alimento, esse é quimicamente oxidado ("queimado") para formar água, dióxido de carbono e um composto inorgânico. A natureza alcalina ou ácida desse composto inorgânico formado determina se o alimento é alcalinizante ou acidificante. Se o composto inorgânico contiver mais sódio, potássio ou cálcio, é classificado como alimento alcalino. Se contiver mais enxofre, fosfato ou cloro, é classificado como um alimento acidificante.

Que diferença faz ter sangue ácido (tóxico)?

Estamos buscando constantemente um corpo saudável. Para isso, precisamos manter um delicado e preciso equilíbrio do pH do sangue em 7,365, o qual é levemente alcalino (acima de 7 é alcalino). O problema é que o estilo de vida contemporâneo trouxe à mesa produtos congelados, cheios de sódio; industrializados, cheios de conservantes e corantes, além de agrotóxicos e pesticidas, substâncias incrivelmente acidificantes.

Quando há excesso de ácidos no corpo, eles atravessam a parede do intestino e substâncias tóxicas chegam à corrente circulatória. Em busca de defesa, o corpo armazena o excesso de ácidos em células de gordura (por esse motivo é tão difícil, para muita gente, perder peso). Trata-se de um prejuízo às funções naturais e vitais: líquidos são retidos e, consequentemente, o trânsito e as operações de absorção e eliminação do intestino diminuem. Com o tempo, seu corpo pode retirar cálcio e outros recursos alcalinos dos ossos, tentando, dessa maneira desesperada, manter o equilíbrio do pH. Essa é uma das razões pela qual as pessoas "encolhem" com a idade.

Produtos tóxicos

Somos bombardeados diariamente por produtos tóxicos: a água que consumimos está repleta de metais pesados; o ar que respiramos está repleto de poluentes; os produtos que consumimos estão cheios de agrotóxicos, pesticidas, fungicidas, corantes, conservantes e outros aditivos químicos que sobrecarregam o organismo. Além das toxinas externas, temos sido intoxicados cotidianamente pela ansiedade, pelo estresse e pela produção de altos níveis de cortisol, que desequilibram o metabolismo e as funções hormonais do nosso corpo.

Para reduzir o efeito negativo desse bombardeamento diário que sofremos, precisamos investir nos itens que potencializam o Detox, diminuindo consequentemente a acidez do organismo e incluindo alguns itens que eliminam essas agressões:

- Beber água alcalina
- Consumir produtos alcalinizantes
- Observar sua respiração
- Praticar atividades físicas
- Evitar consumo de álcool
- Evitar fumo
- Evitar açúcar
- Evitar produtos industrializados
- Consumir alimentos orgânicos
- Meditar

O despertar da nova consciência

Vivemos numa época em que estamos condicionados a pensar como todo mundo pensa. As manipulações empreendidas pela mídia, mantida por grandes investimentos em publicidade, levam muitas pessoas a acreditar que é normal comer enlatados cheios de aditivos químicos, embutidos repletos de corantes e conservantes, *fast foods* inundados de gorduras trans, além do consumo exagerado de álcool e refrigerantes.

Durante anos acreditou-se que nosso organismo era uma máquina invencível, incansável e que não importava a quantidade de lixo químico ingerido: o organismo humano seria capaz de eliminá-lo, sem maiores prejuízos. No entanto, os índices de pessoas com câncer aumentaram significativamente nas últimas décadas. A quantidade de pessoas com doenças degenerativas do cérebro, alergias alimentares, intolerâncias, problemas de tireoide, desequilíbrios hormonais e outras doenças despertou alguns médicos e pesquisadores. A partir de estudos sobre o crescimento dos índices dessas doenças, chegou-se à conclusão de que estamos sendo envenenados por meio da alimentação. Consequentemente, a população começou a tomar consciência do quanto a agricultura estava superando os níveis aceitos de agrotóxicos e pesticidas nas plantações.

Por meio dessas pesquisas, começamos a saber que os produtos químicos e tóxicos fazem parte do nosso dia a dia. Não sabíamos, antes, que estávamos ingerindo tantos aditivos químicos quando bebíamos refrigerantes à base de cola; não sabíamos o quanto alguns alimentos são alergênicos; não sabíamos que a gordura hidrogenada é um veneno; que as embalagens plásticas contêm compostos químicos como o bisfenol, que intoxica os alimentos.

Hoje sabemos que agrotóxicos, pesticidas, corantes, conservantes, antibióticos, hormônios e sódio estão presentes em vários alimentos. Tivemos conhecimento de itens alergênicos, como o glúten e a lactose.

Enfim, temos uma nova consciência e ela nos cobra mudanças de hábitos alimentares, bem como de estilo de vida.

Alimentos orgânicos

Quando você escolhe um produto orgânico, que não foi cultivado com agrotóxicos e pesticidas, há um investimento notável em sua saúde.

Trabalho com orgânicos e sei perfeitamente o quanto é difícil encontrar produtos de boa qualidade. Sei também o quanto são mais caros. Daí vem a pergunta: vale mesmo a pena comprar orgânicos?

Primeiro, é importante você saber que o Brasil está no ranking dos maiores consumidores de produtos químicos para plantações. Ao consumir produtos assim cultivados, você está colocando doses homeopáticas de substâncias químicas que são comprovadamente cancerígenas. Vários pesticidas utilizados no Brasil são proibidos em muitos países. Nosso solo, tão bombardeado de toxinas, está exausto e carente de minerais, fornecendo-nos alimentos *fakes* em sua estrutura, cor, sabor e valor nutricional.

Ao consumir produtos orgânicos, você está apoiando pequenos produtores que lutam para se manter honestos, fiéis aos seus ideais de sustentabilidade e de preservação do solo e do nosso planeta.

Alimentos crus

Vocês já devem saber da importância de não cozinhar alimentos para que mantenham seus nutrientes, mas é importante ressaltar que alguns alimentos só disponibilizam suas propriedades nutricionais depois de cozidos.

O fator mais importante de um Detox, em que 70% dos alimentos são consumidos crus, é a preservação das suas enzimas. Elas são proteínas catalisadoras, responsáveis pela digestão, absorção e decomposição de alimentos.

Existe uma grande falta dessas enzimas em uma alimentação à base de produtos industrializados e processados, e a falta dessas enzimas no organismo pode influenciar a má digestão e o mal funcionamento do intestino.

A importância de um intestino saudável e desintoxicado

Hoje se sabe que 80% do nosso potencial imunológico concentra-se na mucosa intestinal, demonstrando que nossas defesas e vitalidade estão relacionadas ao bom funcionamento do intestino.

Portanto, temos consciência atualmente de que o intestino representa muito mais do que um órgão responsável pela digestão, absorção e excreção dos produtos da alimentação. Isso decorre do fato de ele apresentar a maior área de contato do nosso corpo com o ambiente externo. São por volta de sete metros de comprimento, sendo que sua área absortiva chega ao equivalente a uma quadra de tênis devido às vilosidades e microvilosidades intestinais (pregas na mucosa intestinal). Assim, o intestino necessita de uma maior proteção contra as possíveis ameaças externas.

Um bom exemplo da importância do bom funcionamento desse órgão se encontra no caso da serotonina, conhecida como o hormônio do bem-estar, da alegria, formado a partir do aminoácido triptofano obtido através da alimentação. Parte dela é produzida na glândula pineal no SNC, mas a quase totalidade da sua produção (90%) ocorre no intestino. Ela é produzida quando o bolo alimentar entra em contato com o intestino, estimulando suas contrações, que são responsáveis pela motilidade do bolo alimentar ao longo desse órgão. Dessa forma, é possível constatar a estreita relação desse órgão com a depressão, pois a serotonina se encontra baixa em pessoas deprimidas. Isso explica porque a saúde intestinal está profundamente relacionada com o humor, a vitalidade e a disposição.

Entretanto, a serotonina produzida no intestino apresenta também ações no campo cerebral. Isso pode ser verificado, por exemplo, em pessoas que têm constipação intestinal crônica (prisão de ventre), as quais, por esse motivo, não têm uma boa produção desse hormônio e apresentam maior irritabilidade, propensão à depressão e, no caso das mulheres, exacerbação dos sintomas da TPM.

A serotonina é a precursora da melatonina, o hormônio antioxidante mais potente do corpo humano, responsável por reparar os danos causados pelo estresse e pela ação dos radicais livres. A melatonina é produzida durante o sono profundo, e, por isso, não dormir a quantidade ideal de horas ou ter um sono leve não recupera o corpo e acelera o processo de envelhecimento. Porém, para que a melatonina seja produzida, é necessário que haja quantidade suficiente dos seus precursores. É recomendado ingerir triptofano suficiente, o que leva à produção adequada de serotonina e ao bom funcionamento intestinal.

A manutenção da flora intestinal saudável é outro ponto crucial. Para garantir seu equilíbrio, deve-se consumir alimentos que favoreçam o crescimento das bactérias desejáveis (principalmente fibras solúveis – aveia, cenoura, polpa da maçã, entre outros), consumir alimentos com as próprias bactérias "boas", como kefir e tofu, além de evitar os que favoreçam o desenvolvimento das bactérias patogênicas (excesso de doces, açúcar, farinhas refinadas). Outras atitudes que podem auxiliar no bom funcionamento intestinal são: ingestão hídrica adequada, necessária para hidratação das fibras e aumento do volume do bolo fecal.

Intestino x Detox

Os intestinos (delgado e grosso) têm relação direta com o nosso estado de saúde ou intoxicação. Nosso estado de saúde é sempre influenciado por um cólon doente. Ele é o mais importante órgão de eliminação. Se não o limparmos, nosso corpo pode se autointoxicar. São os detritos espalhados em nosso organismo que o matam.

Foi constatado que a principal fonte de autointoxicação tem sua origem no intestino grosso. Os venenos produzidos pelas matérias em putrefação que estacionam no intestino operam como agentes paralisantes das fibras musculares e inibem o trabalho das glândulas da mucosa intestinal. A maioria das constipações é provocada por um excesso de amidos e por uma insuficiência de enzimas para digerir a comida absorvida. A inclusão de fibras, enzimas e água aumentam a eliminação do bolo fecal, potencializando, assim, sua desintoxicação diária.

Dicas para o detox do corpo físico

Alimentos que potencializam o Detox

Cúrcuma
Conhecida também como açafrão, é um item indispensável na culinária indiana. Essa raiz contém propriedades medicinais e tem sido apontada como um poderoso anticancerígeno, por suas propriedades antioxidantes e por ser um anti-inflamatório natural.

Spirulina
Comercializada em pó ou em cápsulas, é rica em vitaminas do complexo B, principalmente a B12. Também apresenta minerais como cobre, ferro e selênio. A origem da *spirulina* está nas algas marinhas, a cionobactéria, conhecida como alga azul. É alcalinizante e ajuda a equilibrar o pH do organismo, tornando-o menos ácido.

Clorela
É um tipo de alga verde, riquíssima em clorofila, fonte de vitaminas B12 e minerais como o ferro, entre outros. Auxilia no processo de desintoxicação do organismo, estimulando a eliminação de metais pesados.

Terapias corporais

Esfoliação corporal com café
A esfoliação ajuda a eliminar as células mortas e o café ativa a circulação. Recomendo colocar 2 colheres de sopa de café e 2 colheres de sopa de óleo de coco em um recipiente, misturar e depois espalhar com movimentos circulares por todo o corpo. Em seguida, tome uma ducha fria e esfregue o corpo com uma bucha vegetal para limpar a pele, que ainda ficará hidratada. Faça esse procedimento 2 vezes por semana, durante o Detox.

Esfoliação com escova

Escolha uma escova de cerdas vegetais macias, mas firmes. Ao acordar ou antes do banho, percorra todo o seu corpo fazendo uma escovação durante 10 minutos. Essa prática pode ser feita diariamente: ela esfolia, ativa e renova a pele.

Drenagem linfática

A drenagem linfática é uma técnica de movimentos suaves que estimula a drenagem de líquidos retidos pelo organismo. Ativa a circulação linfática e sanguínea e potencializa a desintoxicação. Sugiro de 2 a 3 sessões semanais durante o Detox.

Sauna

O calor é um poderoso relaxante muscular, vaso dilatador e ativador da corrente sanguínea. Potencializa a sudorese e a eliminação de toxinas através da pele. Faça sauna ao menos 2 vezes ao longo do Detox, por no mínimo 20 minutos, lembrando de hidratar a pele durante, antes e depois desse processo.

Alimentos que sobrecarregam o organismo e geram toxinas

Aqueles alimentos que o homem mudou, alterando sua estrutura, tornando-os mais coloridos, doces, resistentes, cheirosos e duráveis, devemos retirar da alimentação durante o processo Detox e diminuir o máximo possível seu consumo no dia a dia.

Observe comigo:

A Natureza nos oferece os grãos; o homem os faz refinados.

A Natureza nos oferece as frutas, ricas em nutrientes; o homem produz os sucos em caixinhas, repletos de açúcar, corantes e conservantes.

A Natureza nos disponibiliza fontes naturais para adoçar, como o mel,

MOVIMENTE-SE!

Faça atividades físicas todos os dias, pelo menos durante trinta minutos! Observe sua respiração, sinta sua expiração. Perceba seus movimentos e seu corpo.

o melado, o açúcar mascavo; o homem faz o aspartame, o ciclamato, a sucralose industrializada.

A Natureza oferece os legumes, verduras, sementes; o homem, os embutidos, enlatados, processados e hidrogenados, produtos altamente tóxicos que contêm conservantes, corantes, aromatizantes e estabilizantes.

A Natureza criou a oliveira e suas sementes, que, ao serem prensadas a frio, fornecem um azeite precioso, enquanto o homem produziu o óleo de canola.

A Natureza fornece água; o homem produz refrigerantes.

A Natureza oferece o sal; o homem produz o glutamato monossódico.

Então, priorize produtos naturais!

Evite qualquer tipo de alimento que tenha aditivos químicos e que sofreu mutação na sua estrutura natural.

Proteínas de origem animal

Você pode se considerar um carnívoro e ter enorme resistência a fazer refeições sem um tipo de proteína de origem animal, mas durante o Detox é imprescindível que as retire do prato.

As proteínas animais contribuem para acidificar o pH do organismo. Os processos de digestão de proteínas de origem animal são bem mais longos que os de vegetais, frutas e legumes, prejudicando o trânsito intestinal e favorecendo a formação de toxinas.

Além disso, as proteínas animais contêm gorduras em excesso, altos índices de antibióticos e hormônios artificiais. Elas devem ser retiradas da sua alimentação durante o Detox e o seu consumo deve ser reduzido no dia a dia.

Laticínios

Vale lembrar que a enzima lactase, responsável por digerir a lactose do leite, no homem adulto é consideravelmente reduzida, dificultando assim a digestão e causando, consequentemente, processos alérgicos, doenças autoimunes, formação de mucos e outros problemas à saúde. Existem também muitas pessoas com intolerância à caseína, que é uma das proteínas do leite. Os laticínios como queijos, manteigas, requeijão e iogurtes sobrecarregam o organismo e também devem ser evitados durante o Detox.

Gordura hidrogenada

Você se lembra do que falei anteriormente sobre o homem colocar as mãos nos alimentos, mudando sua estrutura e envenenando-o?

Pois bem: biscoitos salgados crocantes, biscoitos doces recheados, sorvetes cremosos e chocolates estão cheios de gordura hidrogenada, que nada mais é do que um produto criado em laboratório. A "gordura" hidrogenada é um produto artificial, formado por um processo de hidrogenação catalítica. Trata-se de um tipo de óleo vegetal que sofre, durante muitas horas, pressão com gás de hidrogênio sob altas temperaturas. Nesse processo, formam-se moléculas que não existem na natureza e o seu organismo não as reconhece, causando processos inflamatórios e vários tipos de doenças.

Óleo de canola

O ser humano comercializa produtos como o óleo de canola, que é extremamente prejudicial à saúde. O óleo de canola tem sido divulgado como uma opção saudável, mas nem da canola ele vem.

Não há qualquer planta chamada canola. Esta não passa de uma sigla para Canadian Oil Low Acid, que é uma invenção canadense feita em laboratório. Aquela flor que aparece nos rótulos nada mais é do que a planta colza.

A canola deriva dessa planta, que é geneticamente modificada, sendo o resultado de um cruzamento de várias subespécies de plantas da mesma família. Ou seja, o óleo de canola nada mais é do que uma produção de um composto híbrido da colza. Resumindo, trata-se de um produto criado em laboratório para atender grandes demandas, sem priorizar a saúde dos consumidores e sim o retorno financeiro, colaborando, assim, com a criação de um Mundo doente e com mutações genéticas.

Então, qual o óleo a que se pode recorrer, soja e milho? Infelizmente, ambos são transgênicos, provocando medo e receio acerca do seu consumo. Minha sugestão é utilizar o óleo de coco e azeites extravirgens prensados a frio.

Transgênicos

Os transgênicos são alimentos geneticamente modificados, são sementes que sofreram alterações mediante processos laboratoriais para que se tornassem mais resistentes e produzissem assim seus próprios agrotóxicos. São sementes que produzem até plantas inseticidas. As empresas ganham com isso, mas nós pagamos um preço alto: há riscos à nossa saúde e ao ambiente onde vivemos.

O modelo agrícola baseado na utilização de sementes transgênicas é a trilha de um caminho insustentável e coloca em risco a biodiversidade.

Também não sabemos qual é a gravidade de malefícios que esses produtos podem ocasionar à nossa saúde. Então, como diz o ditado: "É melhor prevenir do que remediar."

Adoçantes – aspartame

Existem muitos artigos sobre o aspartame: alguns o acusam de vilão e de estar relacionado a vários tipos de doenças como câncer, derrames, esclerose múltipla, lúpus, problemas de memória e até mesmo tumores cerebrais. Outros defendem que as doses consumidas não levariam ou agravariam tais doenças, pois os níveis estão dentro do aceitável para os humanos.

Mas algumas informações sobre o aspartame e sua composição me assustam muito e sugiro que você o retire totalmente do seu dia a dia. A principal delas é que o aspartame é um produto sintético, criado em laboratório pela empresa G. D. Searle and Co em 1965; em 1974, a Administração de Drogas e Alimentos (FDA) americana deu sua aprovação para a utilização do aditivo em alimentos. Ele é feito basicamente de dois aminoácidos, fenilalanina, ácido aspártico e um álcool, o metanol. O produto final é um éster metílico de um dipeptídeo dos dois aminoácidos, o ácido L-aspártico e a L-fenilalanina. Sob condições de pH extremo (ácido ou básico), a hidrólise do aspartame produz metanol. Portanto, o aspartame não passa de um produto artificial, cheio de aditivos químicos que de saudável eu não vejo nada!

Sódio e temperos prontos

O excesso do consumo de sódio pode levar o organismo a reter líquidos (comprometendo a eliminação de toxinas), a disfunção renal, a alteração na absorção de nutrientes, a cefaleia (dor de cabeça) e o aumento da pressão arterial. Outro grande problema é que, na composição dos temperos prontos, há glutamato monossódico (MSG), um famoso realçador de sabor que começou a ser comercializado mundialmente no início de 1900 pela indústria japonesa.

Hoje em dia é possível encontrar várias evidências científicas de que o seu consumo contínuo pode causar déficit de atenção e danos cerebrais, pois a excitotoxina (aminoácido presente nesse produto) é excitante de células nervosas, destruindo-as e estimulando assim o surgimento de doenças degenerativas como Alzheimer e Parkinson.

As complicações a longo prazo relacionadas ao consumo de glutamatomonossódico são: obesidade, depressão, enxaquecas crônicas e lesões oculares. Qualquer alimento consumido em excesso pode causar problemas de saúde, mas como o glutamato monossódico pode danificar as suas células, o excesso dele é ainda pior. Da mesma forma que ocorre com os adoçantes artificiais, ele engana o seu cérebro e faz com que você queira mais e mais deste sabor que lhe satisfaz. Ou seja, quanto mais ficarmos longe dos temperos prontos, mais a nossa saúde agradece! Aprendam a ler os rótulos e constatarão que o glutamato monossódico está presente em muitos produtos. Para quem busca uma opção, o ideal é cultivar uma horta de temperos e ervas em casa.

Refrigerantes

Você já ouviu mil vezes que refrigerantes são tóxicos e o seu consumo aumenta riscos de doenças como a obesidade, o diabetes, a gastrite e o câncer no estômago. Hoje, as pessoas estão mais conscientes, mas clientes já me relataram que não consumiam água: ela era inteiramente substituída por refrigerante. Depois, como forma de autoengano, trocaram a versão comum pela diet. A lata de refrigerante nada mais é do que um veneno, pois existem ali milhões de processos químicos: ácidos, aspartame, corantes, conservantes, sódio.

Detox Emocional

Como esclareci acima, desintoxicar significa liberar toxinas, e isso não se refere apenas aos excessos de agrotóxicos, álcool, aditivos químicos como corantes, conservantes e todos os itens tóxicos que você agora já conhece. Somos bombardeados todos os dias por descargas emocionais, o estresse, a ansiedade, as tensões e outras emoções da contemporaneidade, que alteram nosso metabolismo. Todos os dias somos agredidos e nos agredi-

> **MEDITE!**
> Seja um observador da qualidade dos seus pensamentos, busque o autoconhecimento e perceba o que o irrita, o que o deixa ansioso, o que o torna agressivo ou o que o emociona.

mos em busca de nossas metas profissionais, que estão cada vez maiores e mais difíceis de serem alcançadas. Todos os dias temos que lidar com um mar de emoções que nos frustram, nos surpreendem, nos desequilibram e nos fadigam.

Todos os dias temos que lidar com pessoas que estão tão ou mais estressadas que nós, repletas de traumas e medos, e que estão lutando para sobreviver, muitas vezes de forma errada.

Desintoxicar deve ser um hábito diário, não só de alimentos tóxicos, mas de emoções e de pessoas tóxicas. Somos muito mais do que nossos olhos podem perceber. Além do nosso corpo físico, temos um corpo emocional, que também precisa de Detox.

Queria lembrá-los: cada escolha e ação que fazemos, cada pensamento que elaboramos, cada sentimento e emoção que desperta causam alterações químicas em nosso organismo.

Desintoxicando

Observe se sua alimentação é desequilibrada, se você tem algum tipo de compulsão alimentar, se você sabota suas dietas comendo besteiras ou se precisa desesperadamente comer quilos de doces. Observe suas atitudes e questione o porquê delas.

O que você acha de ouvir seu corpo, ouvir o que ele está querendo lhe falar?

Há pessoas que se alimentam de modo totalmente desequilibrado: os alimentos servem como arma para a autopunição. A relação com a comida é de amor e de ódio, comer pode ser uma válvula de escape e ingerir besteiras se torna um remédio para curar suas dores. Sem dúvida alguma, nesses casos, existe algo a ser ouvido, tratado e curado.

Que tal você se propor a um novo tipo de Detox, não apenas com receitas saudáveis, mas também adotar uma nova postura diante da vida? Pare de olhar só a ponta do iceberg e comece a enxergar o que está acontecendo dentro dele, ou seja, dentro de você mesmo.

Quando você come compulsivamente, em algum momento se pergunta o porquê de sua ansiedade ou depressão? Já tentou buscar dentro de você o que lhe deixa infeliz? Já se perguntou a razão do seu vício de comer chocolate? Perguntou-se o porquê de você sempre se sabotar? Qual falta você pretende camuflar por meio da compulsão alimentar, preenchendo um vazio existencial? Por que seus pensamentos sempre o conduzem à negação da sua capacidade de realização, lançando-o a um estado de autoestima baixa? Na sua infância, o que lhe falaram sobre o seu corpo físico, sobre a sua personalidade, sobre os seus sentimentos e emoções?

São respostas que só você tem. Procure-as! Quando encontrá-las, coloque-as para fora, desintoxique-se!

Ter consciência dos seus medos e traumas, buscar eliminá-los ou ao menos constrangê-los já é um passo importante. Estaremos, assim, no processo de cura e desintoxicação!

E tenha gratidão! Saiba perdoar! Libere a raiva!

Cardápio

	Dia 1	Dia 2	Dia 3
desjejum 8h	Suco verde	Suco verde	Suco verde
lanche da manhã 9h	Creme de abacate	*Smoothie* de banana	Mingau de chia
almoço 12h entrada + prato principal	*Carpaccio* de abobrinha com rúcula + Espaguete de cenoura com molho de *funghi*	Tabule de couve-flor + Hambúrguer de falafel com salada de pepino	Brusqueta de berinj com tomate + Lasanha de abobrin e tomates confitad em ervas
lanche da tarde 15h	Mousse de chocolate com morangos	Pudim de chia com geleia de damasco	Trufas *raw* de caca orgânico
jantar 21h	Sopa de couve-flor com cúrcuma	Sopa de cenoura com gengibre	Sopa de tomate com manjericão

Dia 4	Dia 5	Dia 6	Dia 7	Dia 8 (líquidos)
Suco verde	Suco verde	Suco verde	Suco verde	Água morna com suco de 1 limão-tahiti
Smoothie manga com maracujá	Smoothie de morango	Mingau de aveia sem glúten com leite de coco	Smoothie de mamão papaia com laranja	Suco verde
				Morango com chia
Caprese com queijo cremoso de macadâmia + Nhoque de batata-doce com brócolis e tomate	Yakisoba cru de palmito com legumes + Sushi vegano	Rondelli de beterraba + Risoto de quinoa com tomate	Ceviche de cogumelo paris + Moqueca de palmito com pirão de banana-da-terra	Suco de melão com cúrcuma
				Sopa
				Chá verde
Manjar de coco com calda de maracujá	Milk-shake de morango com leite de amêndoas	Barrinha raw de sementes	Tortelete raw de morango com blueberry	Suco de cenoura, linhaça dourada, laranja e gengibre
				Chá de hibisco
				Suco de beterraba e maçã vermelha
Canja vegana	Sopa de inhame com curry	Sopa de folhas verdes	Sopa de abobrinha com quinoa	Sopa

Suco Verde 1

desjejum
todos os dias

INGREDIENTES

2 maçãs vermelhas sem os caroços
2 folhas de couve
1 cenoura pequena
3 ramos de hortelã
1 pedacinho de gengibre
1 inhame pequeno descascado
1 colher de chá de linhaça germinada ou colocada de molho em ½ copo de água por 1 hora

MODO DE PREPARO

Centrifugar todos os Ingredientes e beber em seguida.

Suco Verde 2

desjejum
Dia 8

INGREDIENTES

3 maçãs vermelhas
1 raiz (cenoura, inhame ou *yakon*)
3 folhas de couve
1 pedaço de gengibre (do tamanho da ponta do seu polegar)
1 pepino japonês

MODO DE PREPARO

Passe todos os itens na centrífuga e consuma em seguida. Se quiser potencializar o seu suco verde, adicione uma colher de uma semente ou de um grão germinado.

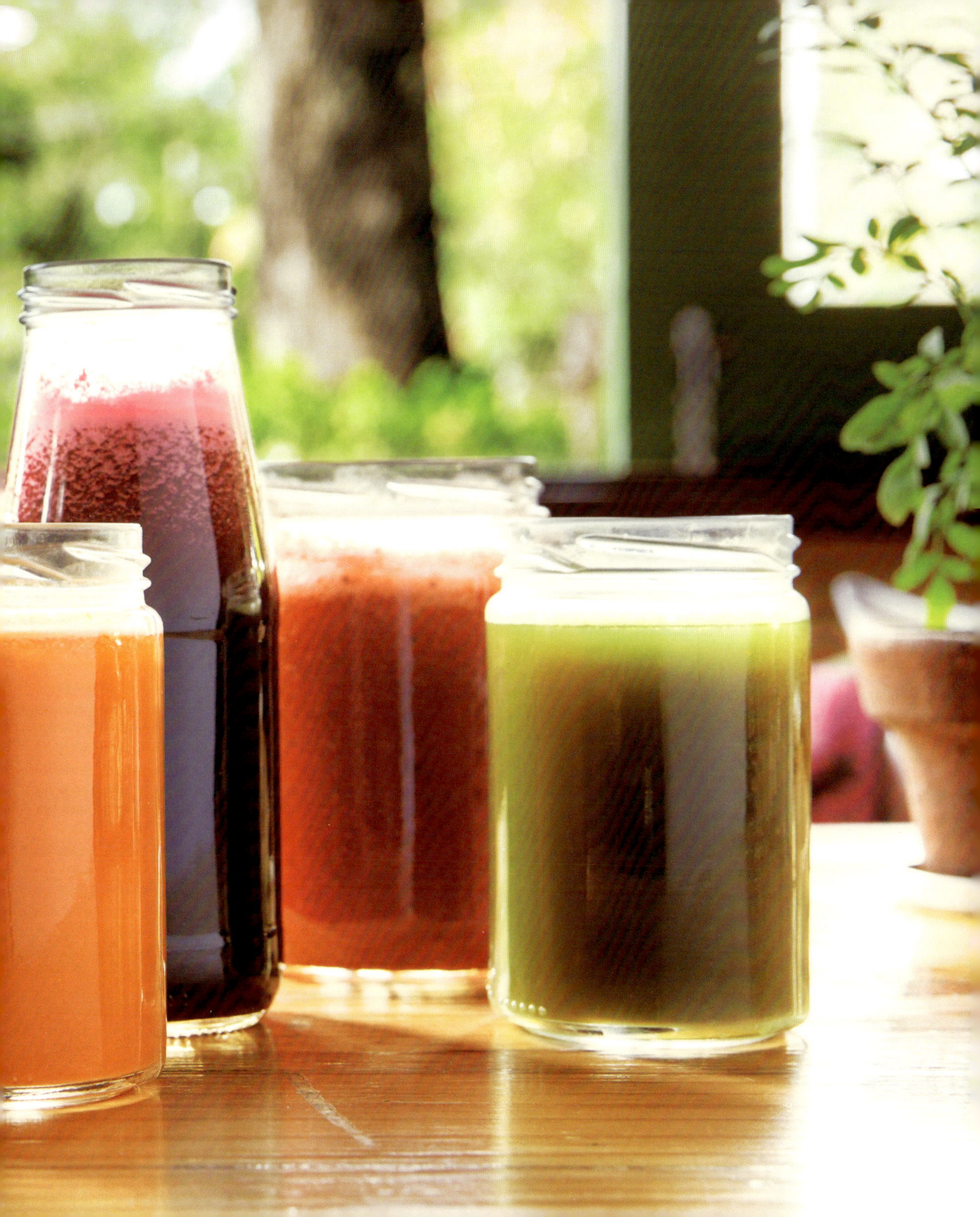

Dia 1

8h
desjejum
Suco verde

9h
lanche da manhã
Creme de abacate

12h
almoço
Carpaccio de abobrinha com rúcula
+
Espaguete de cenoura com molho de *funghi*

15h
lanche da tarde
Mousse de chocolate com morangos

21h
jantar
Sopa de couve-flor com cúrcuma

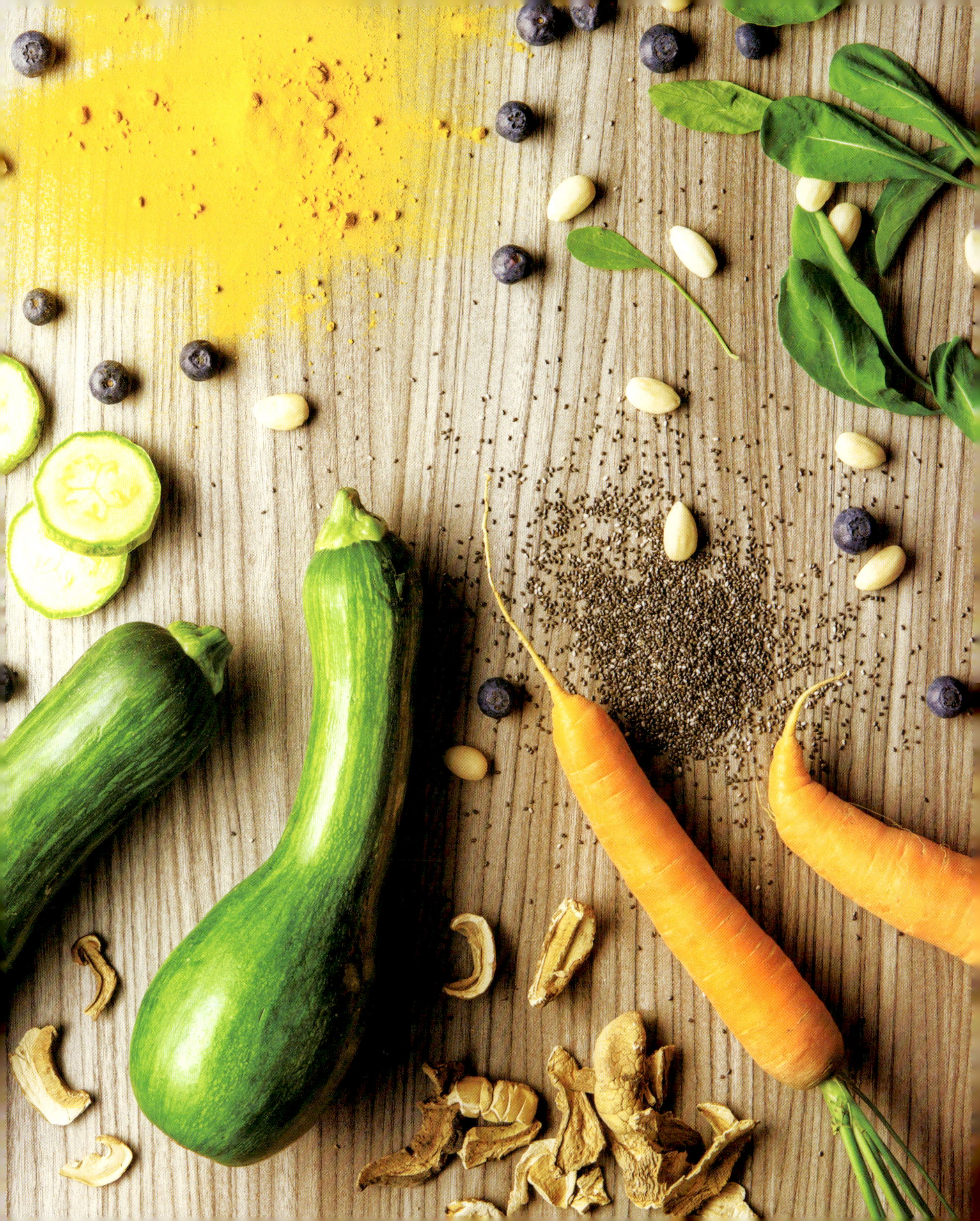

Dia 1
lanche da manhã

20 min

Creme de abacate

INGREDIENTES

100 g de abacate
100 ml de suco de laranja
1 *scoop* (20 g) de proteína de arroz sabor baunilha
1 colher de chá de *spirulina* ou clorofila em pó
1 colher de sopa de cacau *nibs*
1 colher de *goji* desidratado

MODO DE PREPARO

Retire a polpa do abacate e coloque-a no liquidificador. Adicione o suco de laranja, a proteína de arroz e a spirulina. Bata os Ingredientes.

Coloque em uma tigela pequena e finalize com o cacau *nibs* e o *goji*. Sirva gelado.

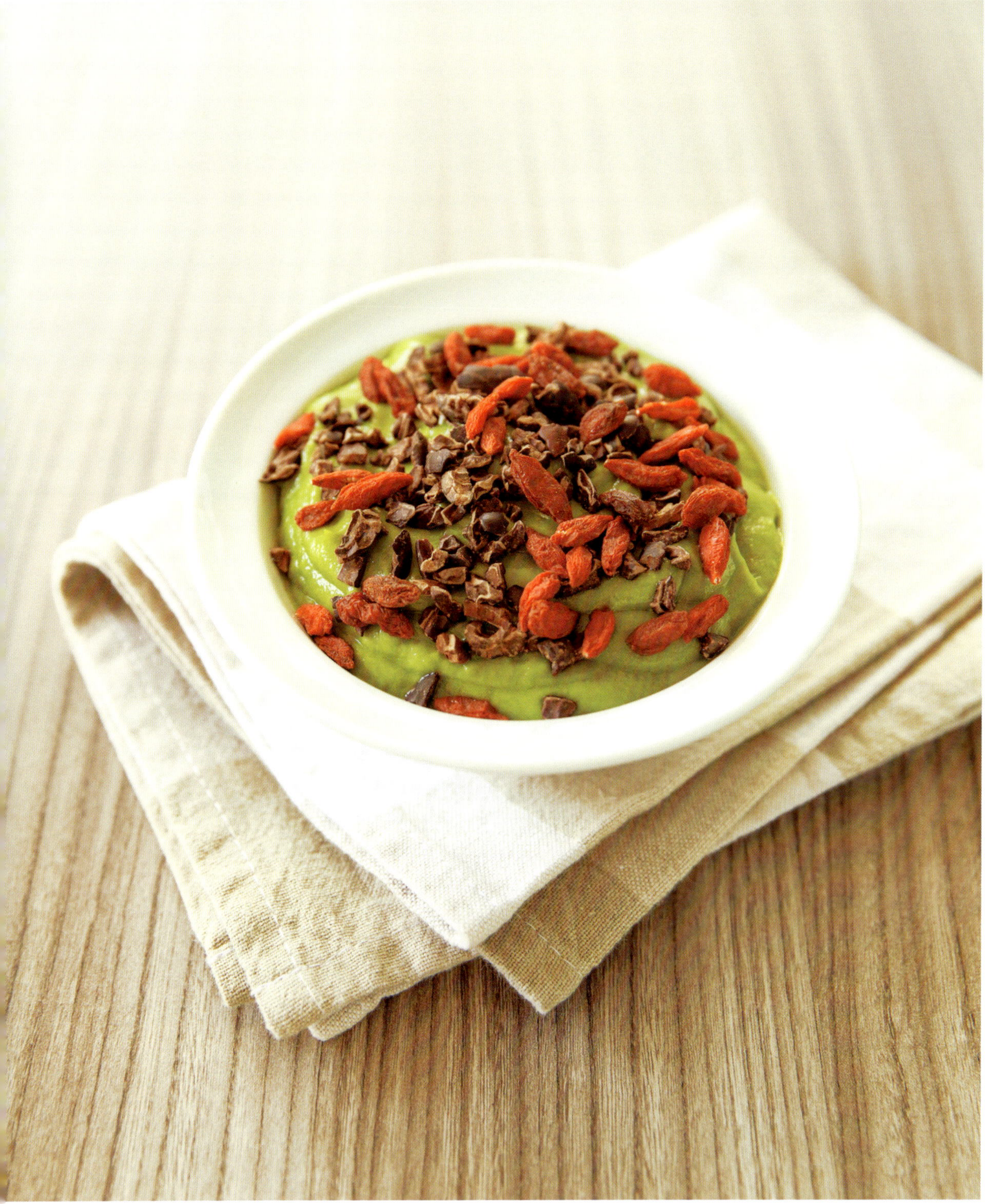

Dia 1
almoço / entrada

30 min

Carpaccio de abobrinha com rúcula

INGREDIENTES

80 g de abobrinha
3 amêndoas
1 colher de sopa de azeite extravirgem
½ limão
10 folhas de rúcula
Sal a gosto

Depois de temperada, espere 20 minutos antes de consumir, tempo necessário para marinar naturalmente e deixar a abobrinha macia.

MODO DE PREPARO

Corte a abobrinha em lâminas bem finas. Use um cortador. Coloque sobre um prato raso em círculos, sobrepondo uma a uma.

Esprema ½ limão e coloque o azeite sobre a abobrinha, usando um pincel para espalhar sobre todas as fatias. Salpique o sal e rale as amêndoas usando um ralador (como o de queijo). Espalhe sobre toda a superfície. Tempere a rúcula com azeite e sal e coloque-a no centro.

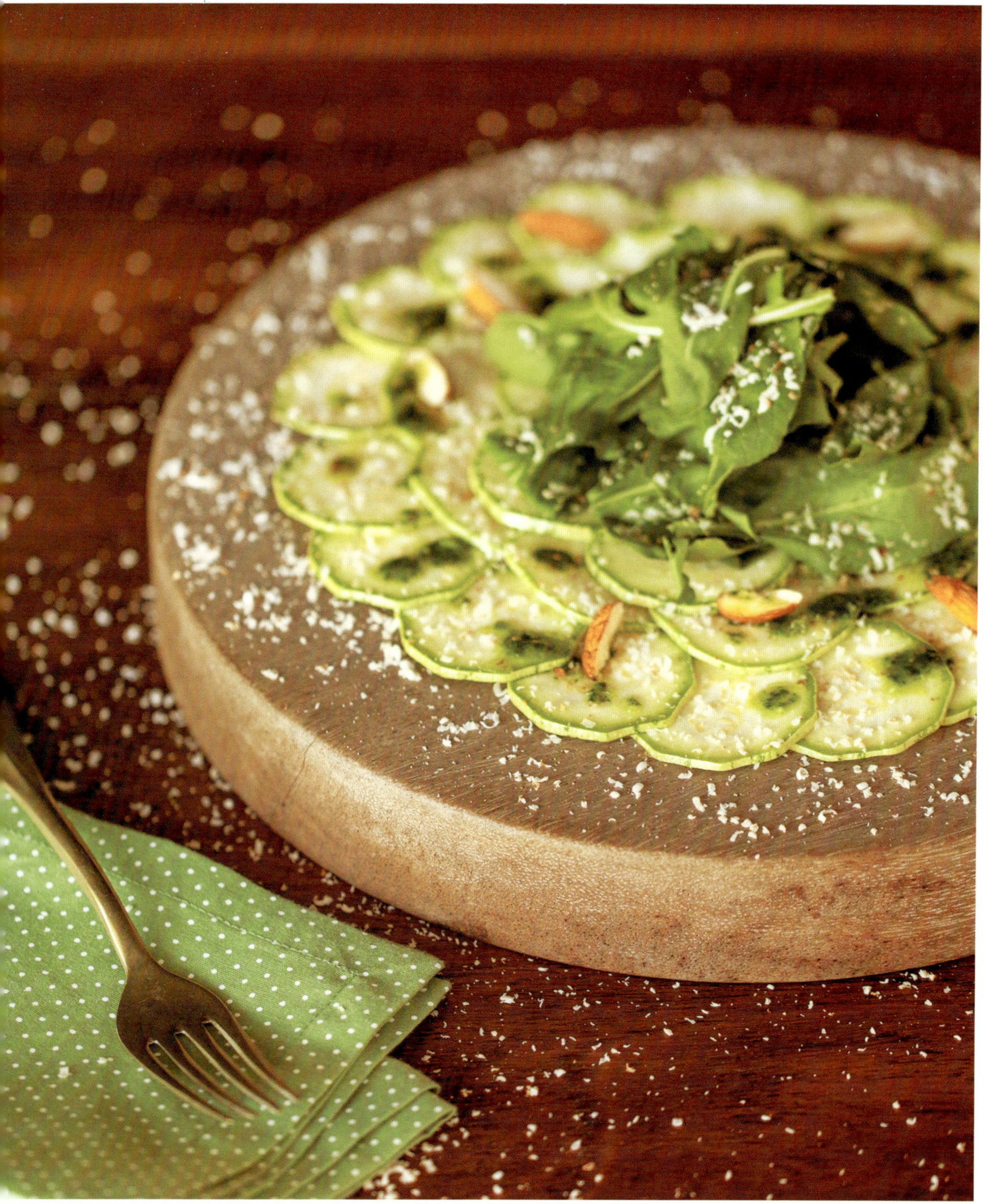

Dia 1
almoço / principal

⏱ 40 min

Espaguete de cenoura com molho de *funghi*

INGREDIENTES

150 g de cenoura
1 alho ralado
1 colher e meia de óleo de coco
Sal do Himalaia

INGREDIENTES MOLHO DE *FUNGHI*

100 g de *funghi* seco
50 ml de molho de tomate (veja receita no almoço do terceiro dia)
50 g de cebola (½ cebola)

MODO DE PREPARO

Espaguete de cenoura

Descasque as cenouras e use um cortador com dente para cortá-las em tiras, deixando-as no formato de um espaguete. Em uma panela, coloque o alho amassado para dourar em ½ colher de óleo de coco. Adicione a cenoura, mexa e desligue o fogo em seguida. Salpique sal e reserve.

Molho de *funghi*

Coloque o *funghi* para hidratar em 250 ml de água por 30 minutos. Escorra a água, despreze. Coloque o *funghi* sobre uma tábua e pique-o bem. Reserve. Em outra panela, doure a cebola já picada em cubinhos em 1 colher de óleo de coco. Acrescente o *funghi* e refogue. Coloque o molho de tomate e cozinhe o *funghi* por 5 minutos.

> *Procure comprar cenouras bem cumpridas, assim seu espaguete ficará mais bonito, lembrando sempre de deixá-las al dente.*

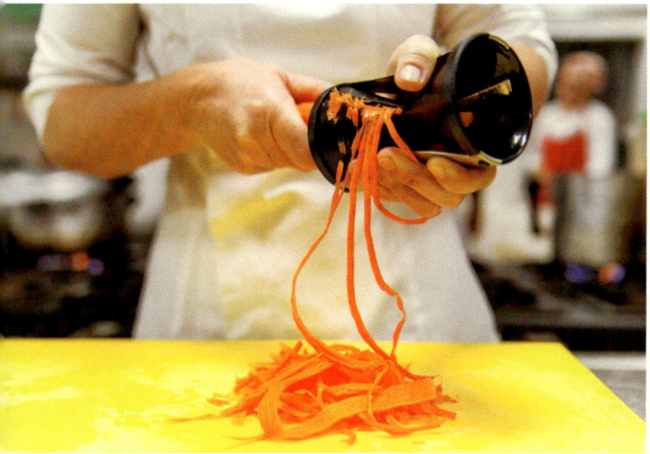

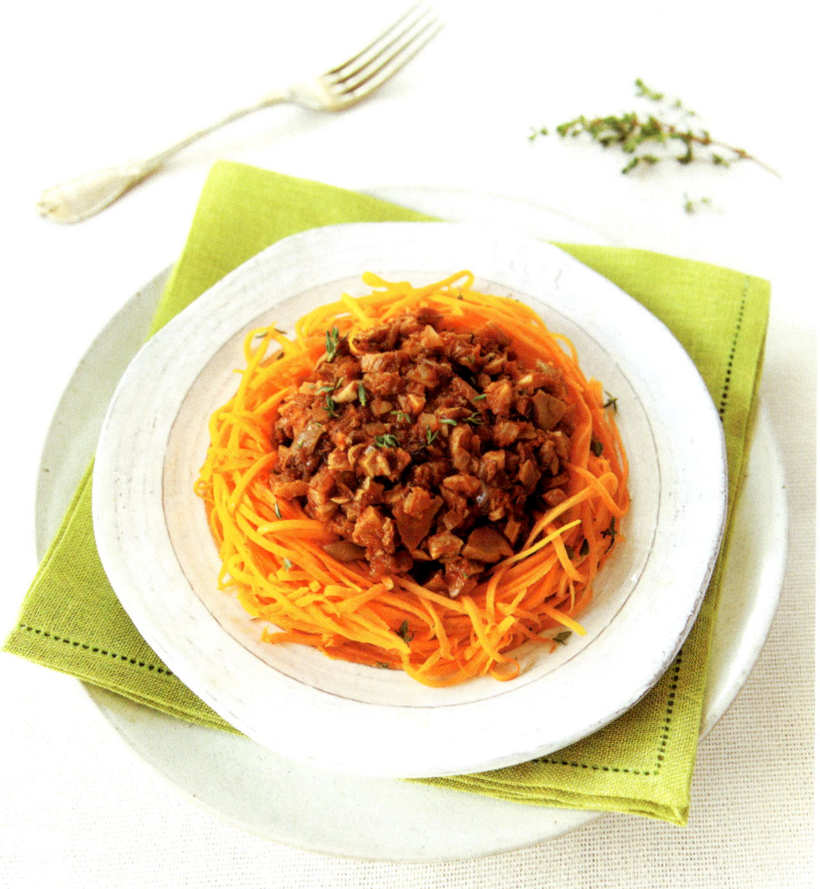

Dia 1
lanche da tarde

⏱ 15 min

Mousse de chocolate com morangos

INGREDIENTES

100 g de abacate (meio abacate pequeno)

100 ml de suco de laranja

2 colheres de sopa de cacau 80% orgânico

2 colheres de açúcar de coco ou mascavo (se preferir adoçante, opte por *stévia*)

5 gotas de essência de baunilha

8 morangos orgânicos

Escolha um abacate bem madurinho. Experimente também substituir os morangos por outra fruta de sua preferência ou use raspinhas de uma laranja bem amarelinha.

MODO DE PREPARO

Retire o abacate da casca, coloque no liquidificador e junte o restante dos Ingredientes. Bata até obter uma textura homogênea. Se for necessário, desligue o liquidificador, misture o conteúdo com uma espátula e volte a bater. Leve à geladeira por 1 hora. Finalize com morangos cortados em cubinhos e sirva gelado.

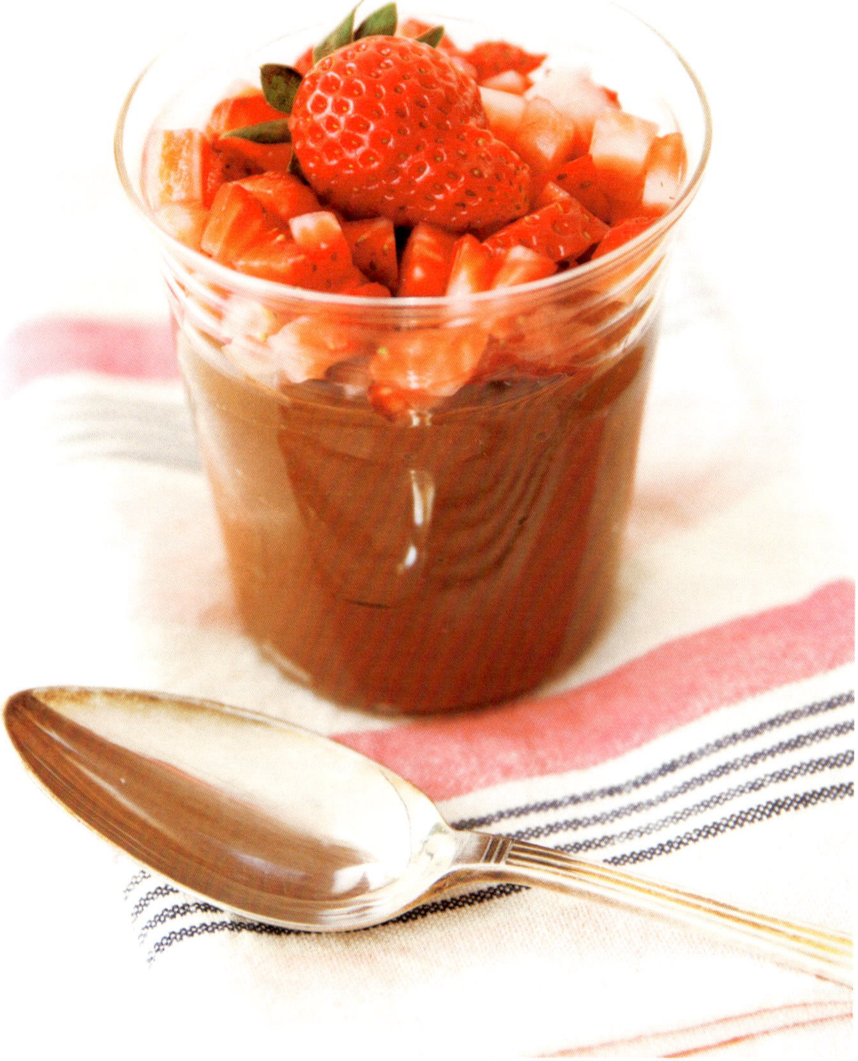

Dia 1
jantar

⏱ 20 min

Sopa de couve-flor com cúrcuma

INGREDIENTES

300 g de couve-flor
1 cebola (50 g) picada em cubos
2 colheres de azeite extravirgem ou óleo de coco
1 colher de chá de cúrcuma em pó
Pimenta branca a gosto
Sal do Himalaia ou marinho a gosto

Você pode substituir a couve-flor por palmito fresco se preferir.

MODO DE PREPARO

Corte e lave a couve-flor, reserve.

Em uma panela, coloque 500 ml de água para ferver. Quando ferver, adicione a couve-flor já lavada e cortada. Deixe cozinhar por 20 minutos. Desligue e reserve.

Em outra panela, doure a cebola no óleo de coco.

Coloque no liquidificador a couve-flor cozida junto com a água, adicione a cebola já dourada no óleo de coco e acrescente cúrcuma e pimenta branca. Bata tudo até ficar cremoso. Coloque uma colher rasa de chá de sal e na hora de servir aqueça.

Nunca bata as sopas no liquidificador se estiverem muito quentes, evitando assim acidentes e queimaduras. Espere esfriar um pouco e só depois bata.

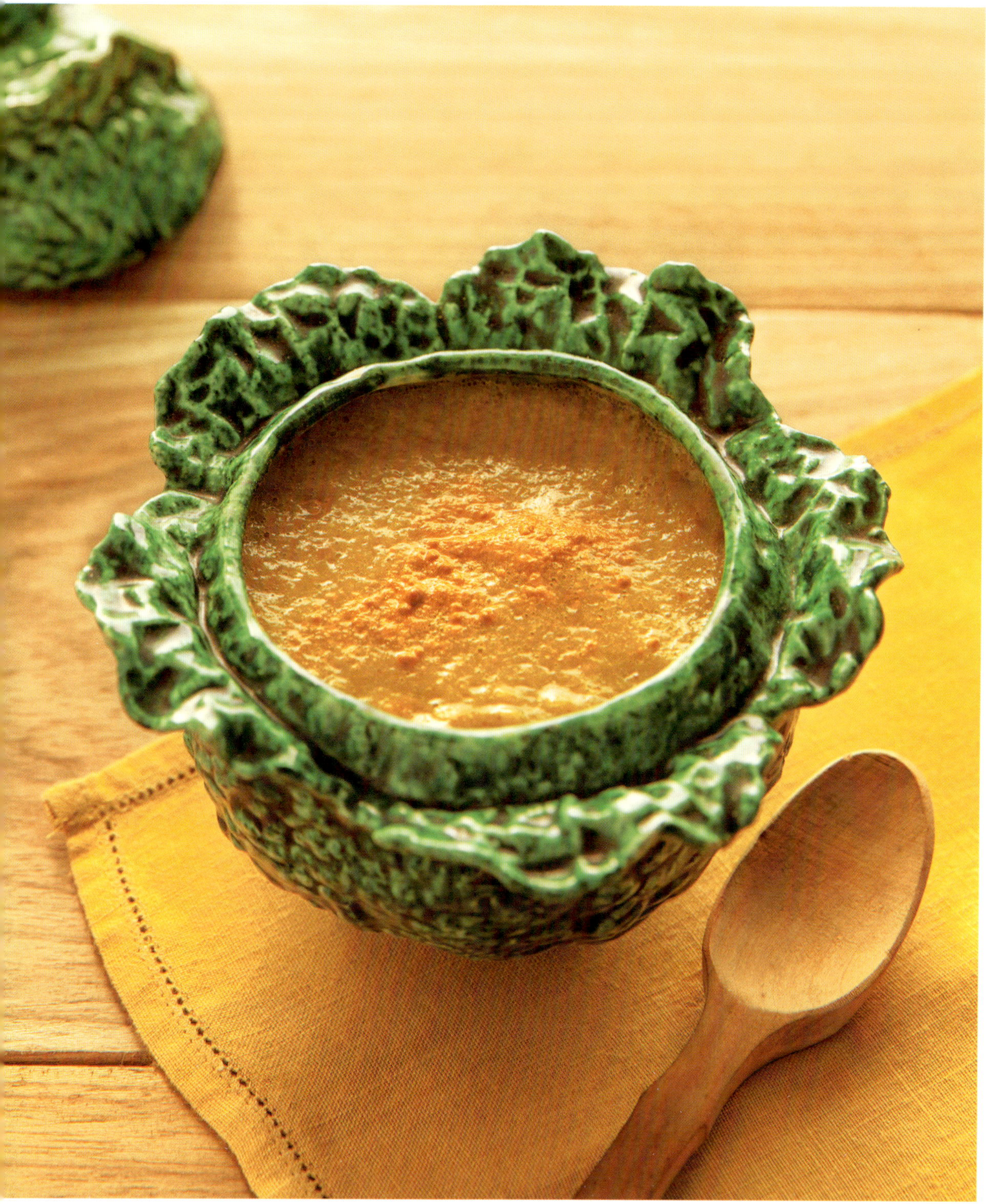

Dia 2

8h
desjejum
Suco verde

9h
lanche da manhã
Smoothie de banana

12h
almoço
Tabule de couve-flor
+
Hambúrguer de falafel (grão-de-bico) com salada de pepino e molho de castanha de caju com hortelã

15h
lanche da tarde
Pudim de chia com geleia de damasco

21h
jantar
Sopa de cenoura com gengibre

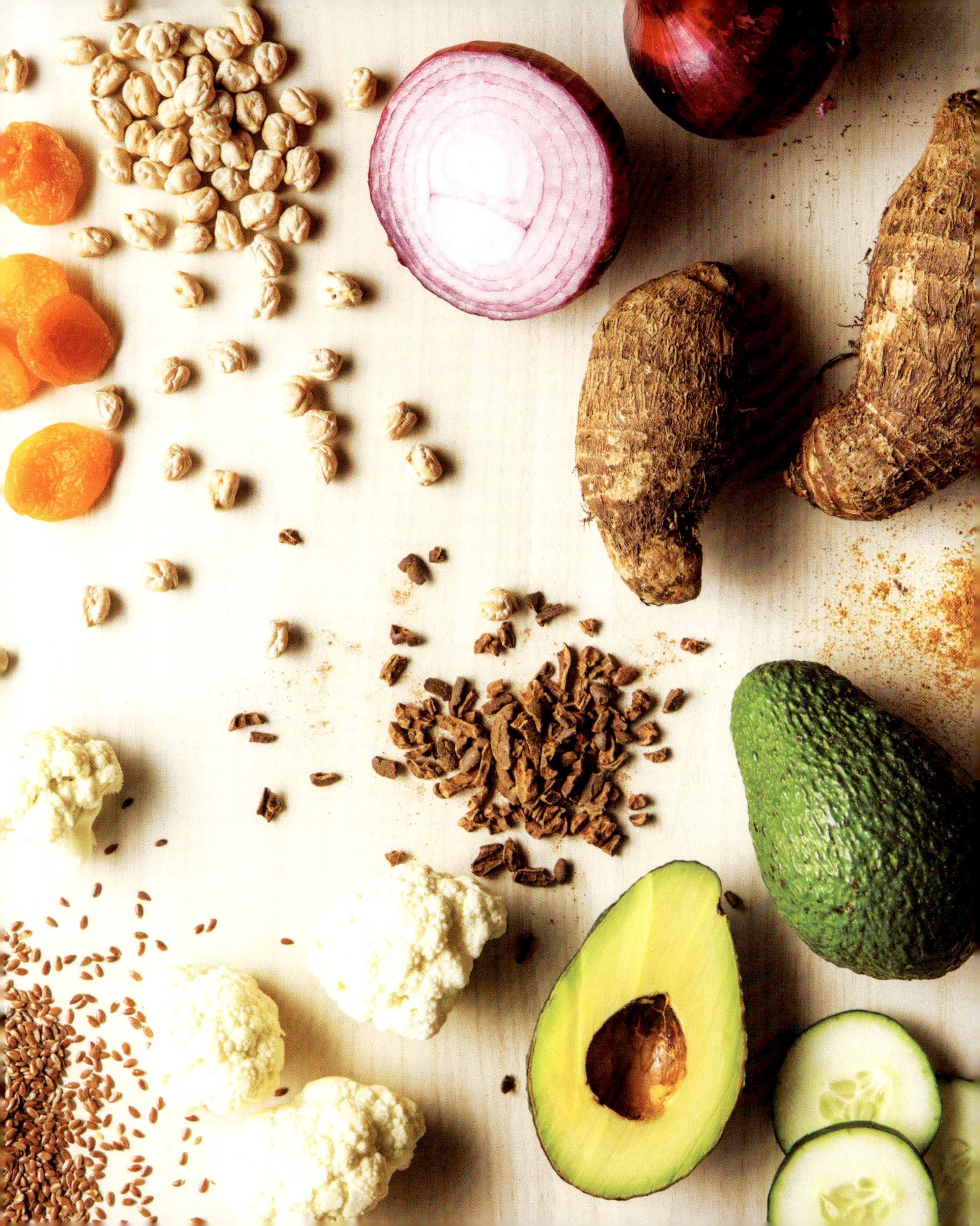

Dia 2
lanche da manhã

⏱ 20 min

Smoothie de banana

INGREDIENTES

100 g de banana prata
1 limão siciliano
4 gotas de adoçante (*stévia*)
1 *scoop* (20 g) de proteína vegana
1 colher de sopa de pistache cru, picado
1 colher de semente de Romã

MODO DE PREPARO

Descasque a banana, espalhe o suco do limão por toda superfície, evitando assim que a fruta escureça. Coloque a banana no congelador por 1 hora.

Retire a banana do congelador e coloque direto no liquidificador, adicione 150 ml de água gelada, acrescente a proteína em pó vegana, o adoçante e bata bem. Coloque em uma tigela ou copo.

Finalize com o pistache e as sementes de Romã. Consuma em seguida.

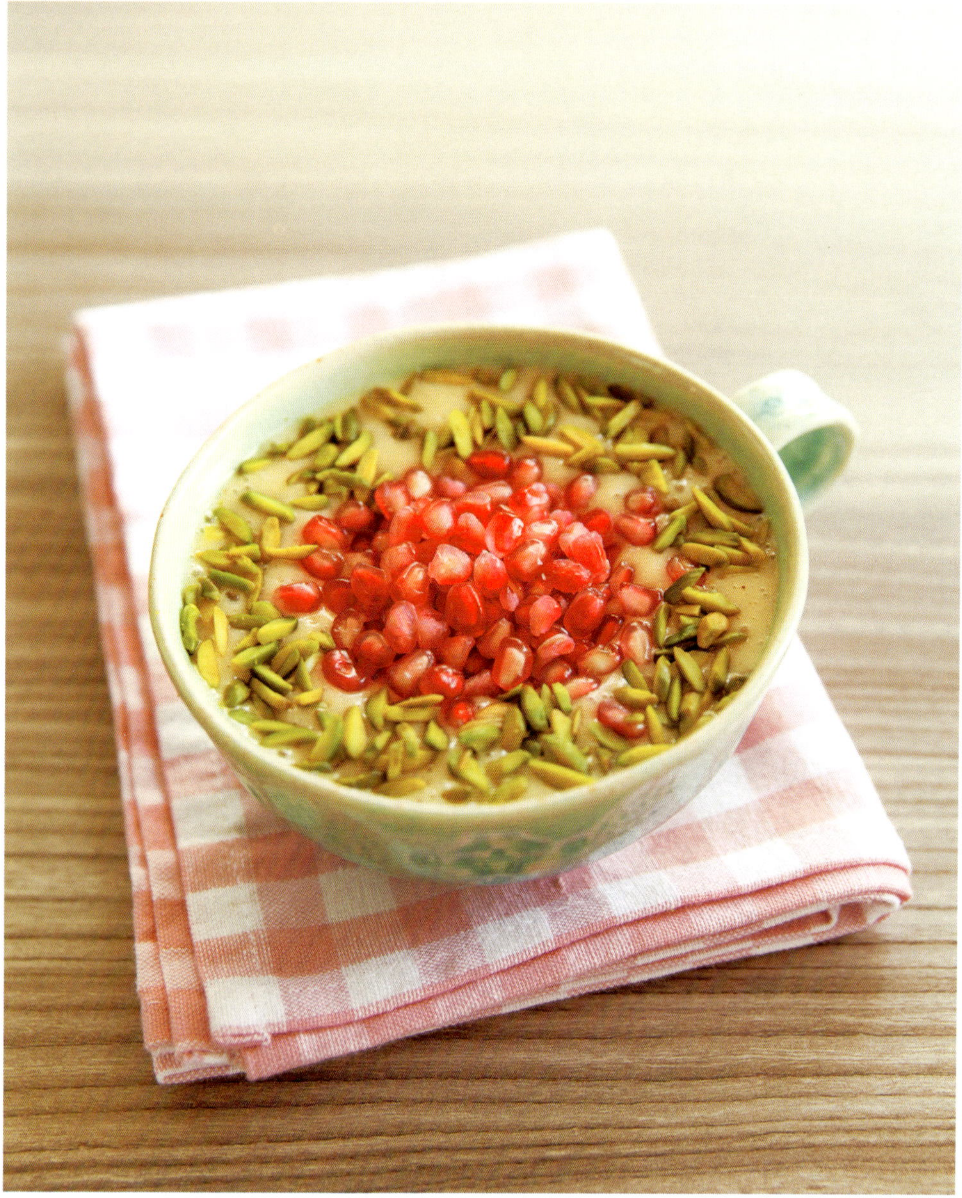

Dia 2
almoço / entrada

⏱ 40 min

Tabule de couve-flor

INGREDIENTES

1 xícara de chá de couve-flor picadinha
1 tomate picado em cubos (sem as sementes)
1 colher de sopa de hortelã fresca e picada
1 colher de sopa de cebola roxa picada
1 dente de alho amassado (até virar pasta)
4 damascos
4 amêndoas
1 colher de sopa de azeite extravirgem
Suco de 1 limão
Sal do Himalaia ou marinho a gosto

Use só a parte branca da couve-flor, guarde o caule em um recipiente e congele. Você poderá usá-lo em uma sopa de legumes.

MODO DE PREPARO

Coloque a couve-flor, o tomate e a cebola em uma vasilha, misturando-os com uma espátula. Depois coloque a hortelã, o azeite, o suco de limão, o sal e mexa. Sirva gelado ou em temperatura ambiente.

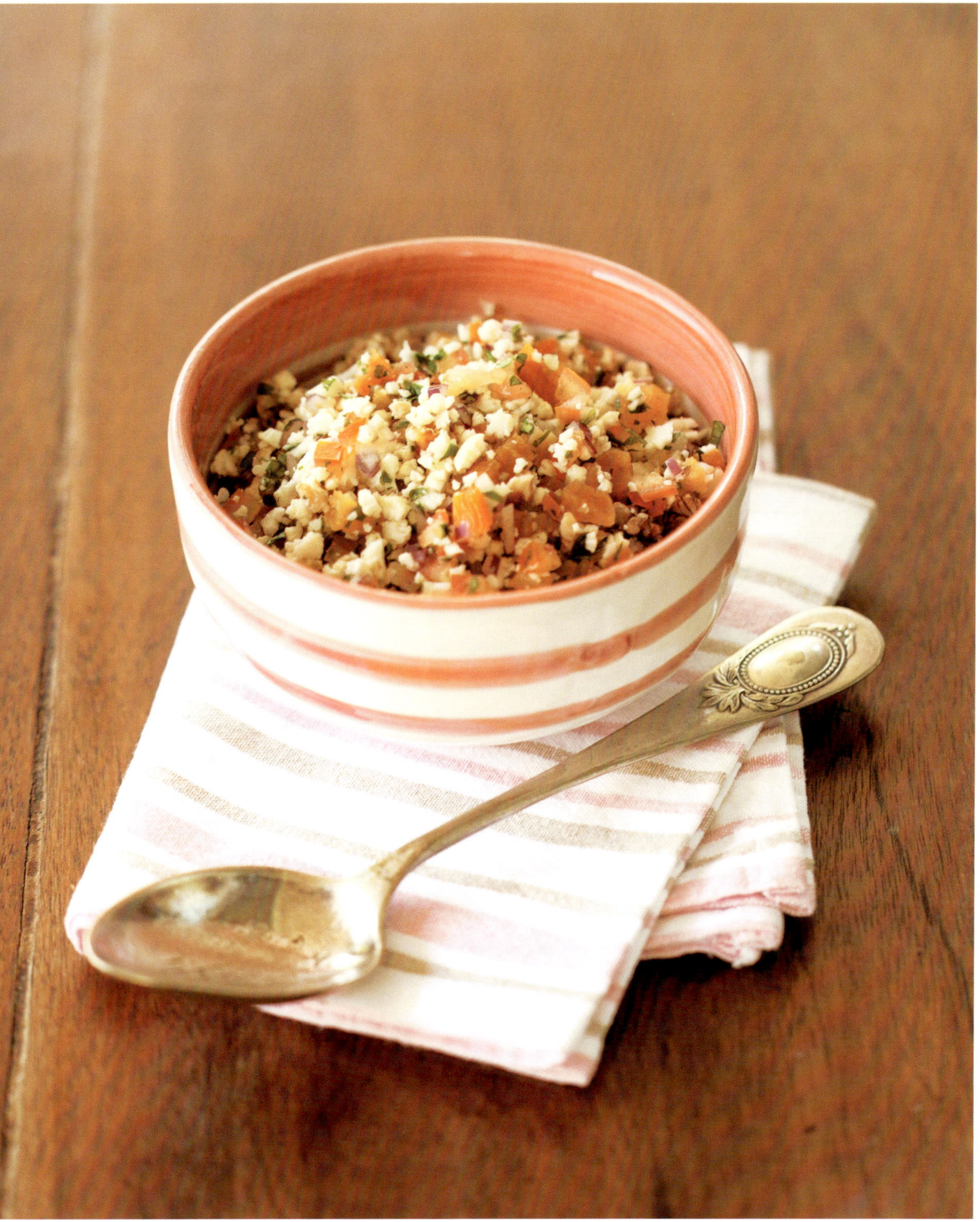

Dia 2
almoço / principal

20 min

Hambúrguer de falafel com salada de pepino

INGREDIENTES FALAFEL

100 g de grão-de-bico
50 g de cebola (½ cebola)
1 colher de chá de alho picado
2 colheres de sopa de azeite extravirgem ou óleo de coco
1 colher de farinha sem glúten ou amido de milho para dar liga
1 colher de chá de coentro picado
1 colher de café de pimenta síria
1 colher de café de cominho
Sal do Himalaia ou marinho

MODO DE PREPARO

Hambúrguer de falafel (grão-de-bico)

Coloque o grão-de-bico para hidratar por 8 horas em 300 ml de água. Depois de hidratado, escorra a água do grão de bico (despreze essa água) e lave bem os grãos em água corrente. Leve ao processador por alguns minutos até triturar bastante os grãos e formar uma massa. Retire do processador, leve essa massa para uma tigela.

Adicione a farinha sem glúten e o azeite, sove com as mãos. Depois acrescente o restante dos Ingredientes e volte a misturar com as mãos. Faça bolas de 150 g e depois amasse. Use uma frigideira antiaderente para grelhar o hambúrguer dos dois lados em fogo baixo. Retire da frigideira, coloque a salada em cima e sirva.

INGREDIENTES
SALADA DE PEPINO

2 pepinos japonês
50 g de castanha de caju
¼ de um molho de hortelã fresca
1 colher de azeite extravirgem
1 limão tahiti
Sal do Himalaia ou marinho a gosto

MODO DE PREPARO

Salada de pepino com molho de castanha com hortelã

Coloque as castanhas de caju para hidratar por 1 hora. Depois de hidratadas, lave-as e jogue a água fora.

Coloque as castanhas já hidratadas no liquidificador, adicione 1 xícara de água, hortelã, suco do limão, azeite, sal e bata até obter uma textura homogênea, sem pedacinhos. Reserve.

Corte o pepino em tirinhas, não utilizando a parte das sementes. Coloque em uma tigela, tempere com 2 colheres do molho de castanha de caju. Leve para a geladeira.

Dia 2
lanche da tarde

⏱ 40 min

Pudim de copo de chia com geleia damasco

INGREDIENTES PUDIM DE CHIA

100 ml de leite de amêndoas
4 colheres de sopa de chia
4 gotas de baunilha
1 colher de açúcar demerara ou adoçante *stévia*

INGREDIENTE GELEIA DE DAMASCO

10 damascos

A geleia de damasco é ótima para usar em outras preparações ou quando bater aquele desejo de comer um doce.

MODO DE PREPARO

Pudim de chia

Coloque o leite de amêndoas em uma vasilha pequena, adicione a chia e os outros ingredientes. Misture-os bem. Coloque em uma taça e leve à geladeira por 30 minutos.

Geleia damasco

Cozinhe 4 damascos com 100 ml de água. Quando estiver bem molinho, desligue. Coloque os damascos no liquidificador e bata colocando aos poucos a água em que ele foi cozido, até obter um creme. Desligue e use esse creme para finalizar o pudim de chia.

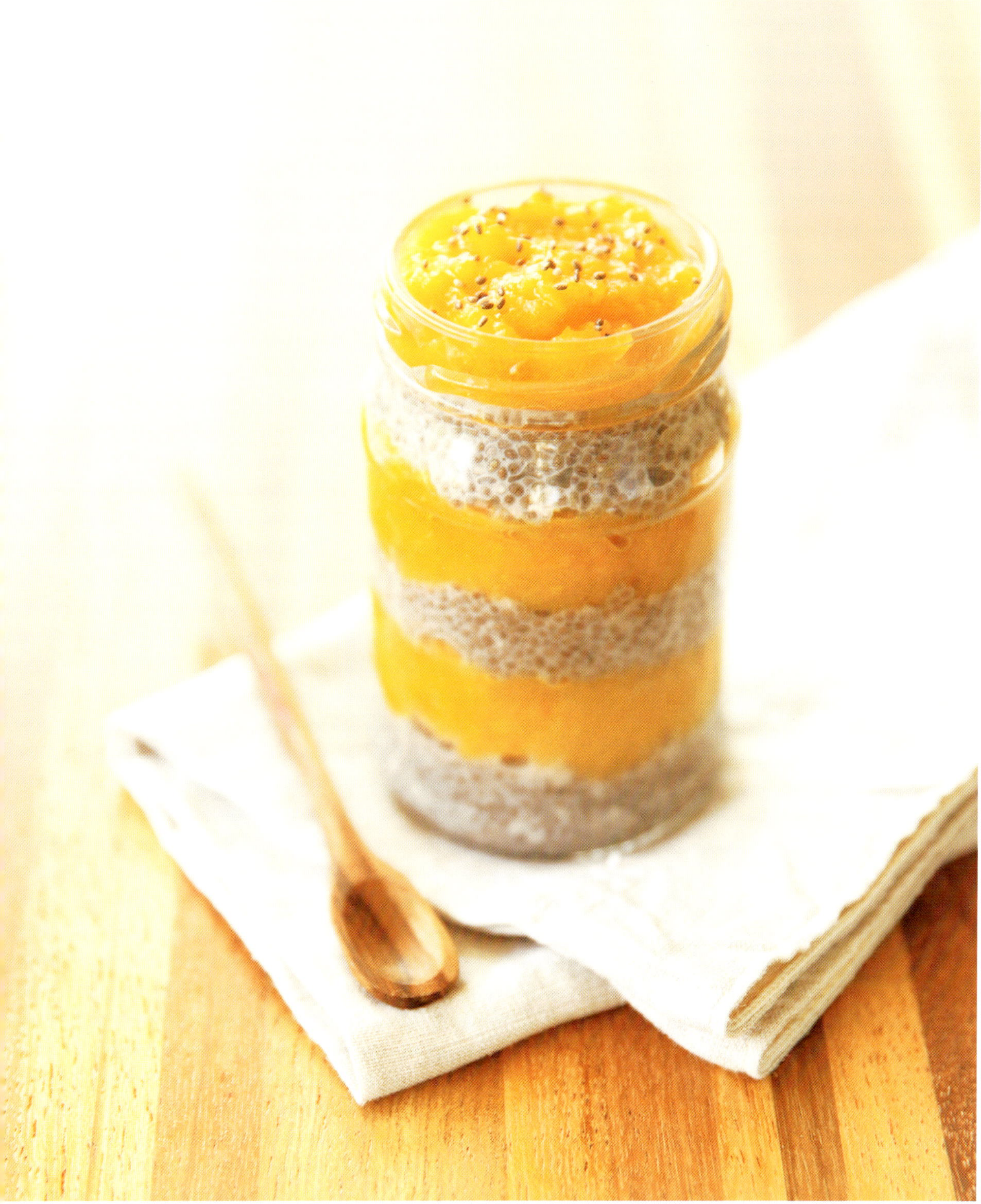

Dia 2
jantar

30 min

Sopa de cenoura com gengibre

INGREDIENTES

200 g de cenoura
1 dente de alho
2 colheres de azeite extravirgem ou óleo de coco
1 colher de chá de gengibre ralado
Sal do Himalaia ou marinho a gosto

Você pode usar a mesma receita e substituir a cenoura por abóbora japonesa ou moranga. Fica uma delícia.

MODO DE PREPARO

Corte e lave a cenoura, em uma panela coloque 500 ml de água para ferver. Adicione a cenoura e deixe cozinhar por 20 minutos. Desligue e reserve.

Em outra panela, doure o alho ralado no azeite ou no óleo de coco. Coloque a cenoura já cozida junto com a água no liquidificador, adicione o alho dourado no óleo e acrescente o gengibre e o sal. Bata tudo até ficar cremoso. Sirva quente.

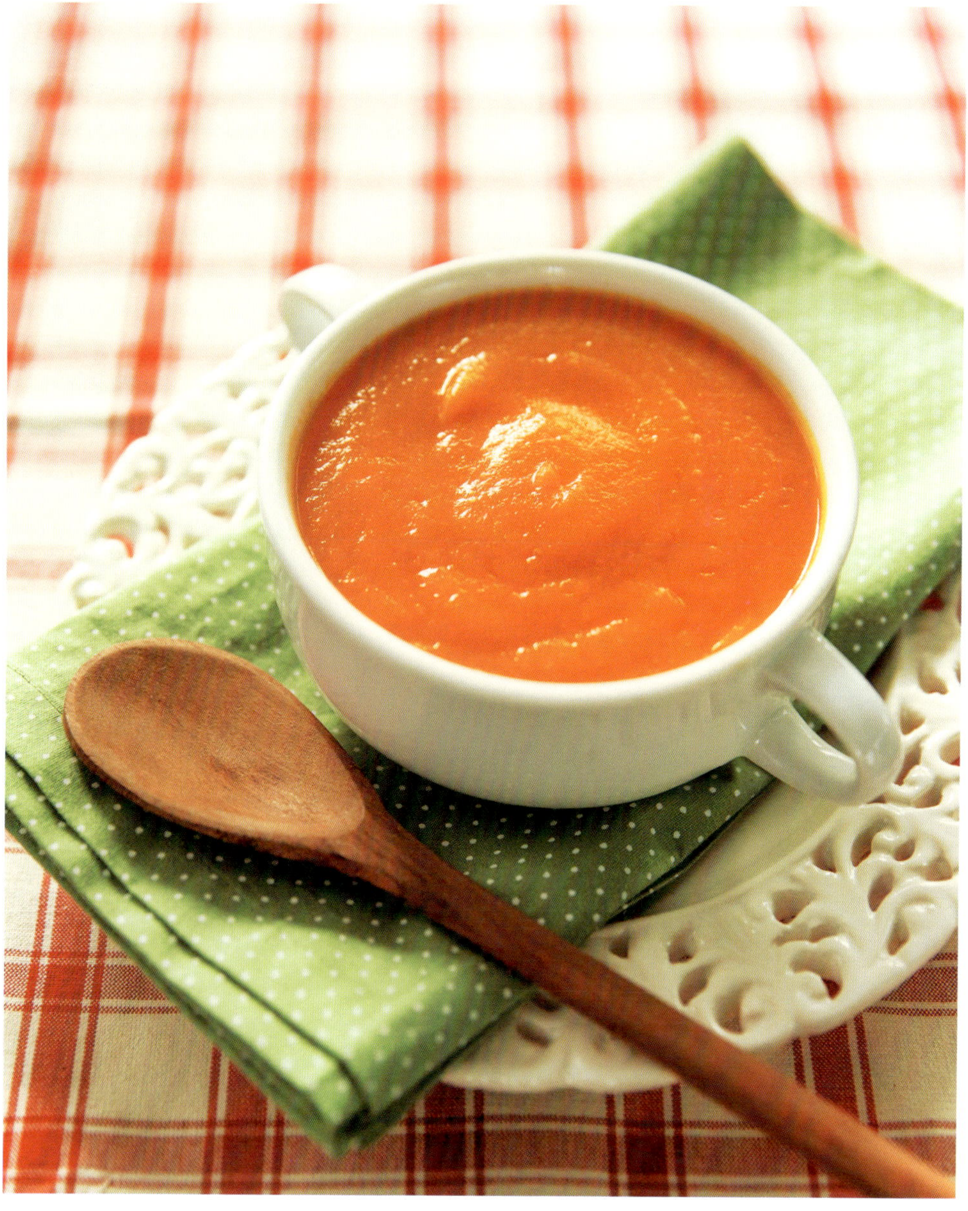

Dia 3

8h
desjejum
Suco verde

9h
lanche da manhã
Mingau de chia

12h
almoço
Brusqueta de berinjela
com tomate
+
Lasanha de abobrinha e
tomates confitados em ervas

15h
lanche da tarde
Trufas *raw* de cacau orgânico

21h
jantar
Sopa de tomate
com manjericão

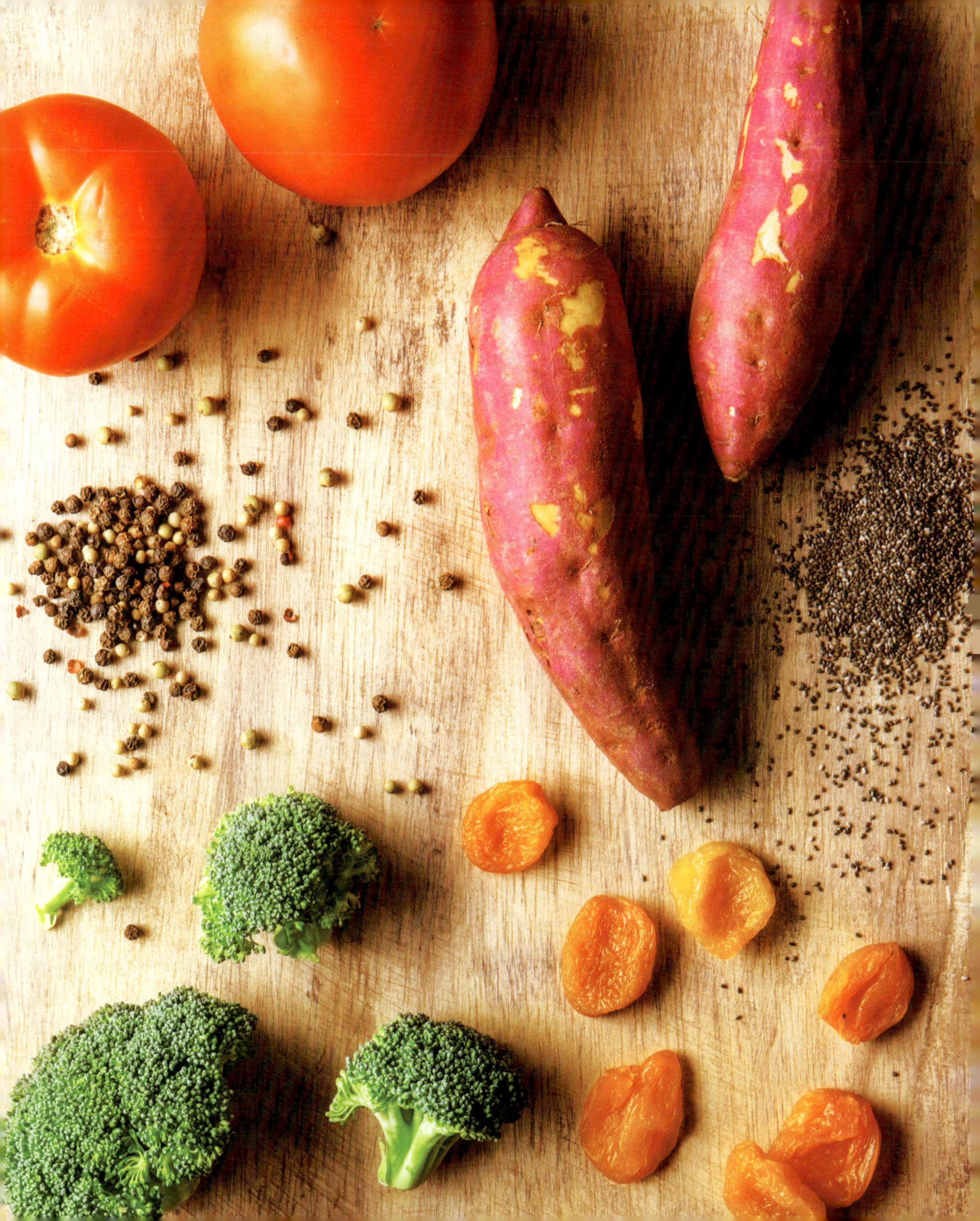

Dia 3
lanche da manhã

20 min

Mingau de chia

INGREDIENTES

150 ml de leite vegetal (de amêndoas ou de arroz)
4 colheres de sopa de chia
6 gotas de adoçante stévia
1 colher de sopa de *goji* desidratado
1 colher de sopa de *cranberry* desidratado
1 colher de sopa de *blueberry*

MODO DE PREPARO

Coloque o leite de amêndoas em uma tigela, adicione a chia e o adoçante e misture-os bem. Tampe e deixe por 1 hora na geladeira.

Na hora de servir, finalize com *blueberry*, *cranberry* e *goji*.

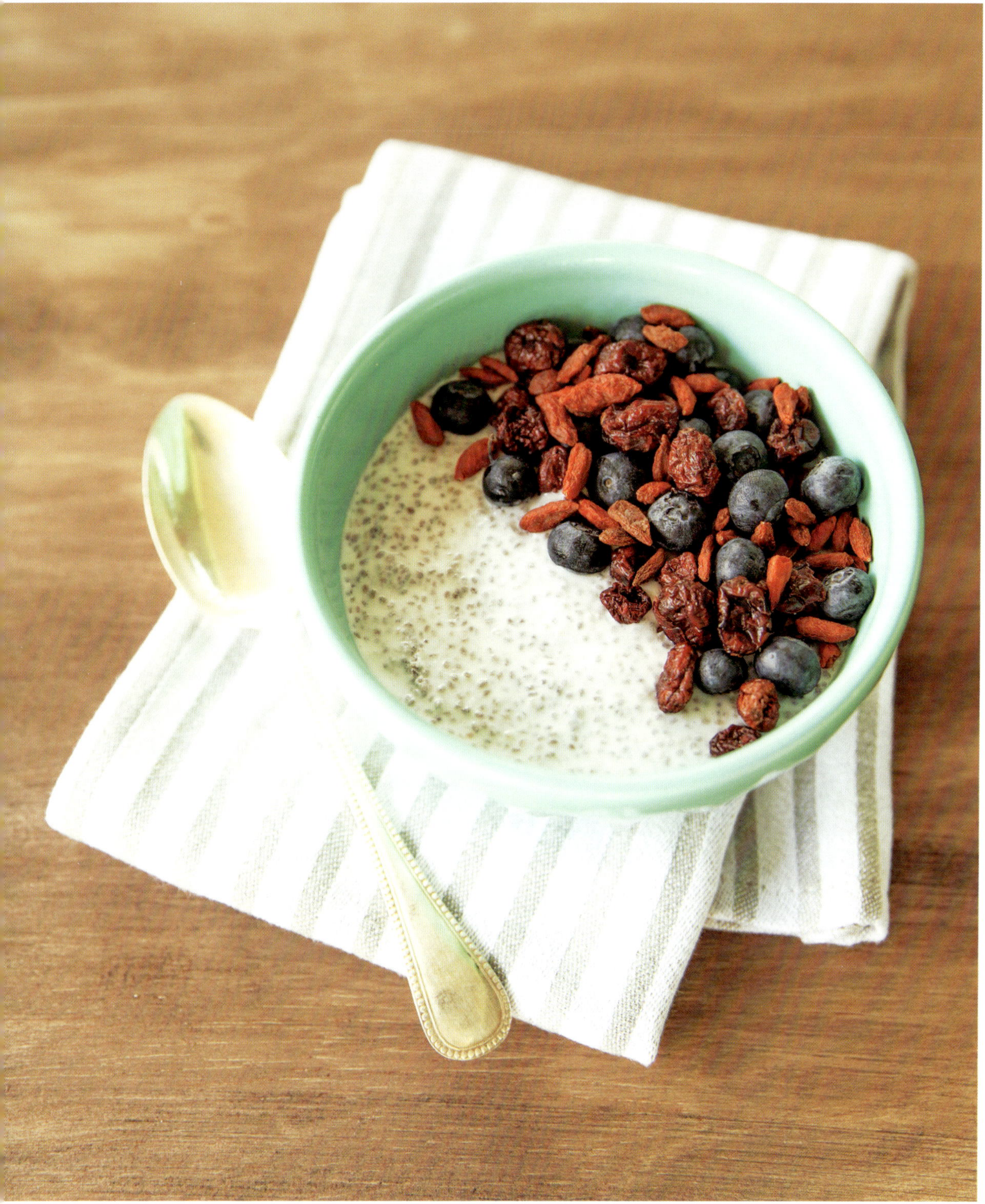

Dia 3
almoço / entrada

20 min

Brusqueta de berinjela com tomate

INGREDIENTES

1 berinjela
1 tomate sem pele sem sementes e picado
1 alho bem amassado
2 colheres de azeite extravirgem ou óleo de coco
Ervas de Provence a gosto

Se você não gosta de berinjela, use abobrinha.

MODO DE PREPARO

Corte a berinjela em fatias da largura de um dedo. Espalhe sal sobre as fatias de berinjela. Deixe por 10 minutos. Em seguida, lave bem as fatias de berinjela, enxugue-as com um papel toalha. Aqueça uma frigideira antiaderente e coloque o azeite extravirgem. Sele as berinjelas, primeiro de um lado, depois de outro. Salpique as ervas de Provence.
Retire e reserve.

Em uma tigela, coloque o tomate já sem pele, sem sementes e picado. Tempere com azeite, alho e sal.

Montagem
Coloque 4 fatias de berinjela grelhadas em uma travessa, depois o tomate e finalize com manjericão.

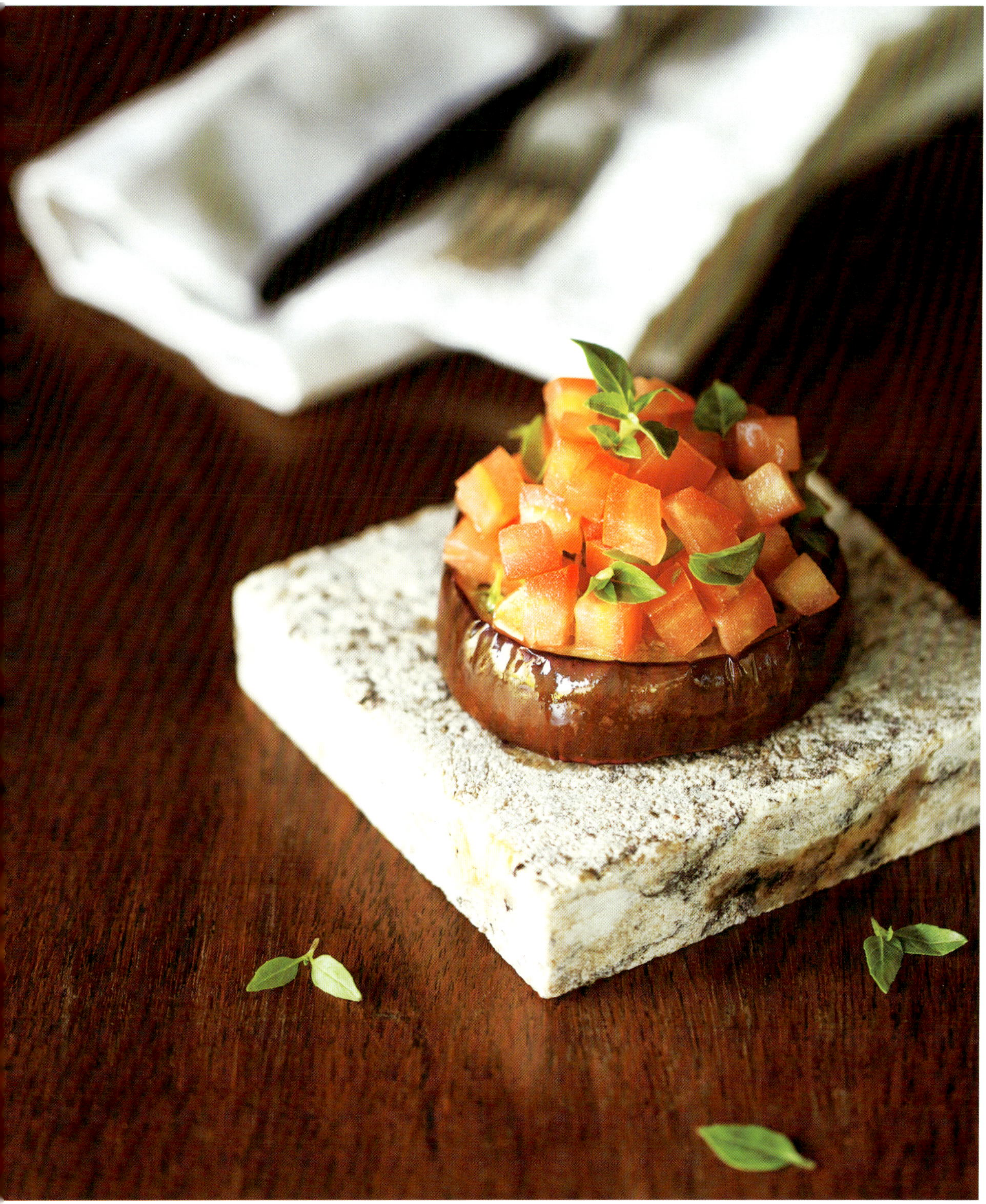

Dia 3
almoço / principal

⏱ 20 min

Lasanha de abobrinha e tomates confitados em ervas

INGREDIENTES

100 g de abobrinha (1 abobrinha média cortada em lâminas na vertical)
20 g de queijo vegano (macadâmia)
2 colheres de sopa rasa de azeite extravirgem ou de óleo de coco
40 g de tomate (2 unidades)
10 g de cebola
2 dentes de alho
10 folhas de manjericão
100 g de macadâmia ou de amêndoa crua e sem pele
1 limão
Sal do Himalaia ou marinho a gosto

MODO DE PREPARO

Molho de tomate

Corte um tomate em cubos (sem casca e sem sementes). Reserve. Em uma panela, coloque a cebola e o alho ralado no azeite ou no óleo de coco, e doure em seguida. Acrescente o tomate picado, 1 xícara de café de água e refogue por 10 minutos. Fina-lize salpicando sal.

Tomate confitado

Em uma forma refratária, coloque 1 tomate cortado ao meio sem sementes, com um fio de azeite, ervas de Provence e sal. Colocar em fogo baixo por 20 minutos.

Não precisa levar ao forno. Sirva logo após a finalização.

Queijo vegano cremoso de macadâmia

Coloque a macadâmia para hidratar por 8 horas. Lave e leve ao liquidificador, coloque ½ xícara de água, 2 colheres de azeite, sal e ½ limão. Bata até obter uma textura cremosa e sem pedacinhos. Se for necessário, desligue o liquidificador algumas vezes, mexa com uma espátula e continue batendo. Retire do liquidificador, coloque em um recipiente e leve à geladeira por 30 minutos antes de montar a lasanha.

Montagem

Em um prato, coloque uma camada de abobrinha crua já cortada em lâminas, depois outra de queijo vegano, uma de abobrinha e depois o tomate confitado. Repita o procedimento com a abobrinha restante fazendo camadas. Finalize colocando o molho de tomate ainda quente por cima. Decore com folhas de manjericão.

Dia 3
lanche da tarde

⏱ 1 hora

Trufas *raw* de cacau orgânico

INGREDIENTES

100 g de tâmaras desidratadas sem caroço

60 g de cacau 80% orgânico (3 colheres de sopa)

2 colheres de óleo de coco

20 g de pistache picado

20 g de *goji*

20 g de cacau *nibs*

60 g de cacau em pó (3 colheres de sopa)

No lanche, durante o Detox, consumir 3 unidades.

MODO DE PREPARO

Coloque as tâmaras para hidratar por 8 horas. Quando for utilizá-las, retire da água e lave em água corrente. Coloque as tâmaras em um processador e bata até obter uma pasta. Retire do processador e coloque em um recipiente. Adicione o cacau 80% orgânico, o óleo de coco e misture tudo com as mãos, até ficar uma massa.

Leve à geladeira. Espere endurecer por 20 minutos.

Pegue a massa e faça bolinhas. Depois passe-as no pistache, no cacau *nibs*, no *goji* e no cacau em pó. Conserve na geladeira e sirva gelado.

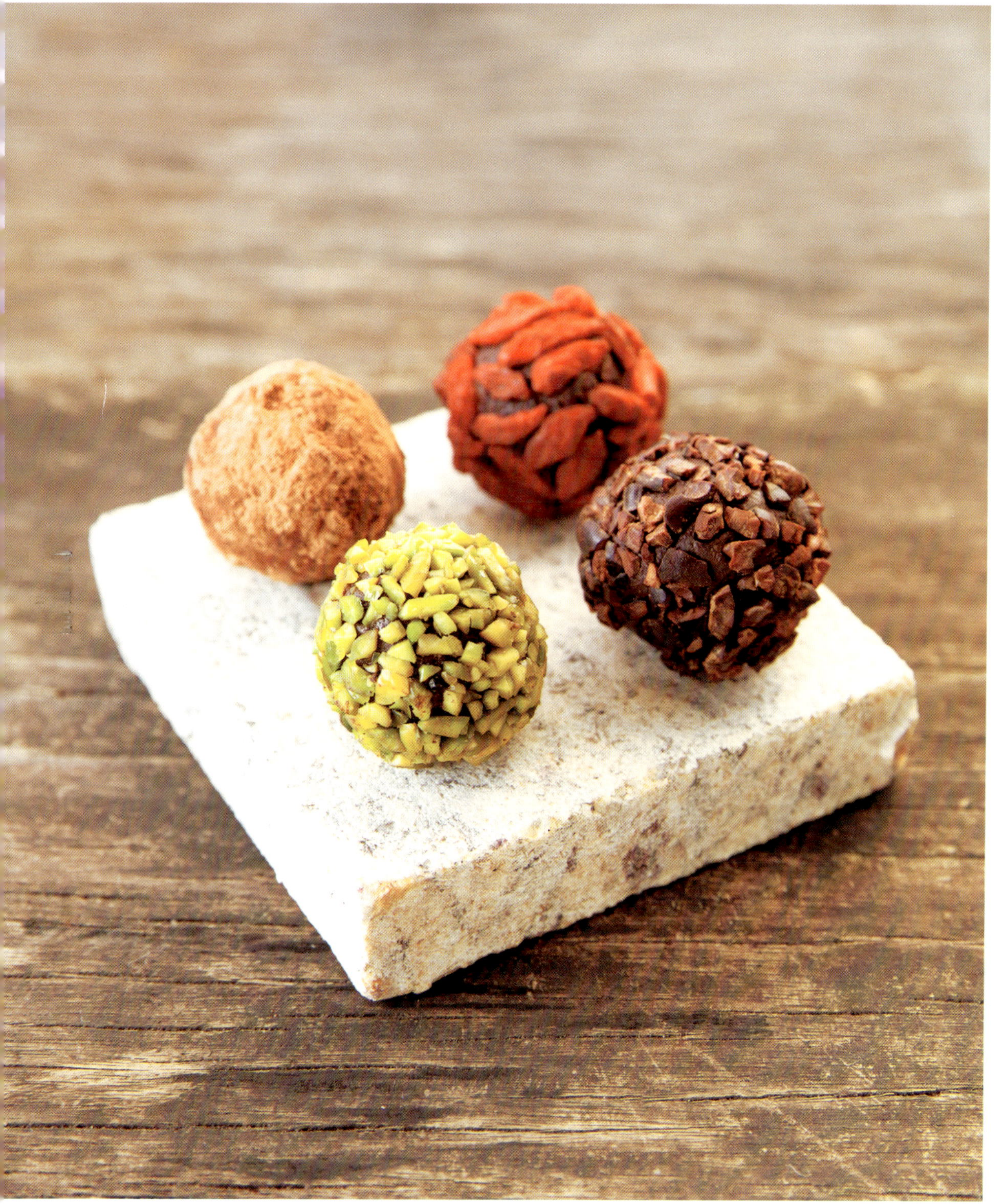

Dia 3
jantar

⏱ 40 min

Sopa de tomate com manjericão

INGREDIENTES

200 g de tomate
50 g de cebola
1 dente de alho
2 colheres de azeite extravirgem ou óleo de coco
1 colher de sopa de manjericão picado
Sal do Himalaia ou marinho a gosto

Priorize sempre tomates orgânicos. Para sopas e molhos, utilize os italianos, bem madurinhos.

MODO DE PREPARO

Coloque em uma panela o óleo de coco, a cebola já cortada em cubos e doure bastante. Depois adicione o alho ralado à cebola, e doure-o também. Adicione o tomate sem sementes e cortado, refogando. Acrescente 350 ml de água e deixe cozinhar por 20 minutos. Desligue, espere esfriar e bata no liquidificador.

Adicione o manjericão e o sal. Sirva quente ou fria.

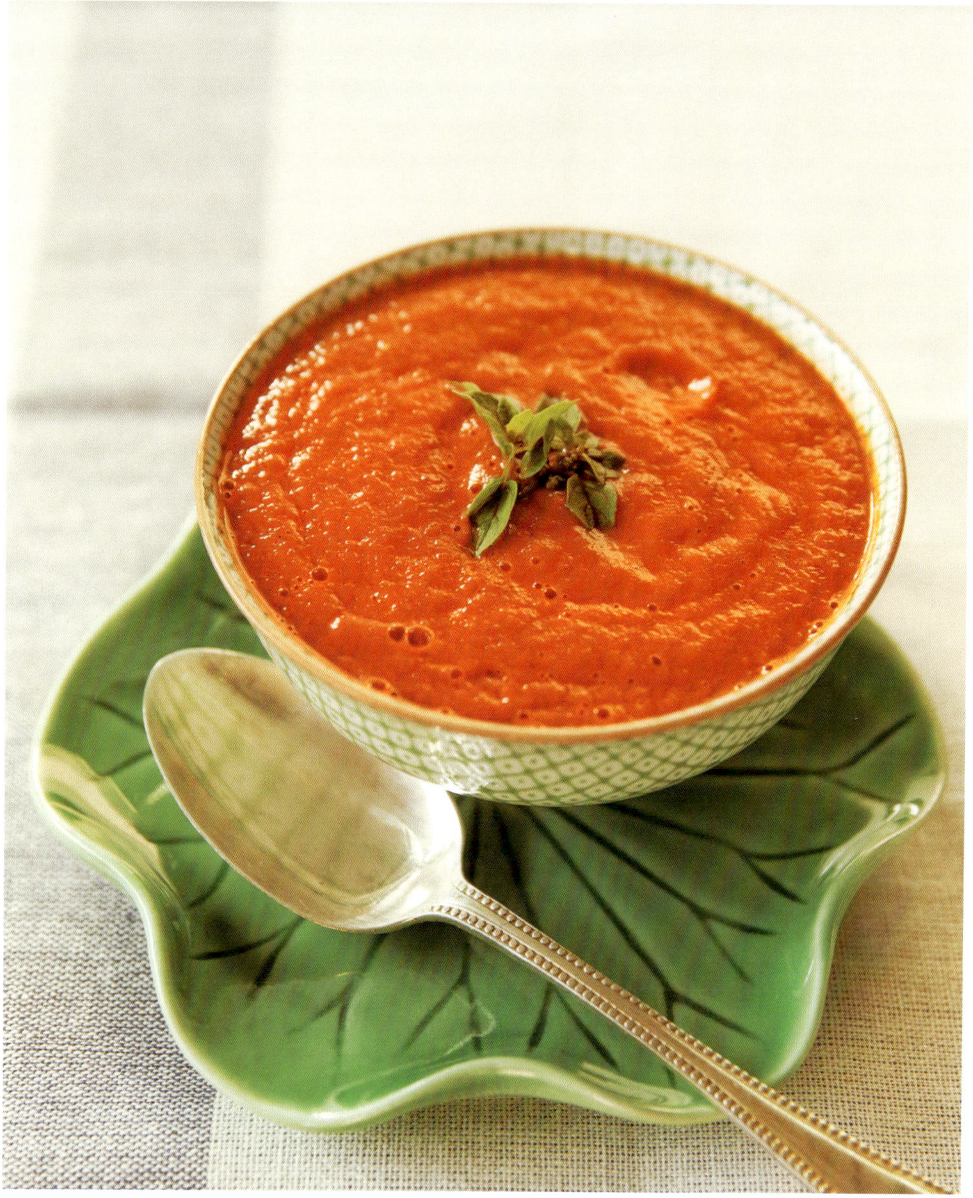

Dia 4

8h
desjejum
Suco verde

9h
lanche da manhã
Smoothie **de manga com maracujá**

12h
almoço
Caprese com queijo cremoso de macadâmia
+
Nhoque de batata-doce com brócolis e tomate

15h
lanche da tarde
Manjar de coco com calda de maracujá

21h
jantar
Canja vegana

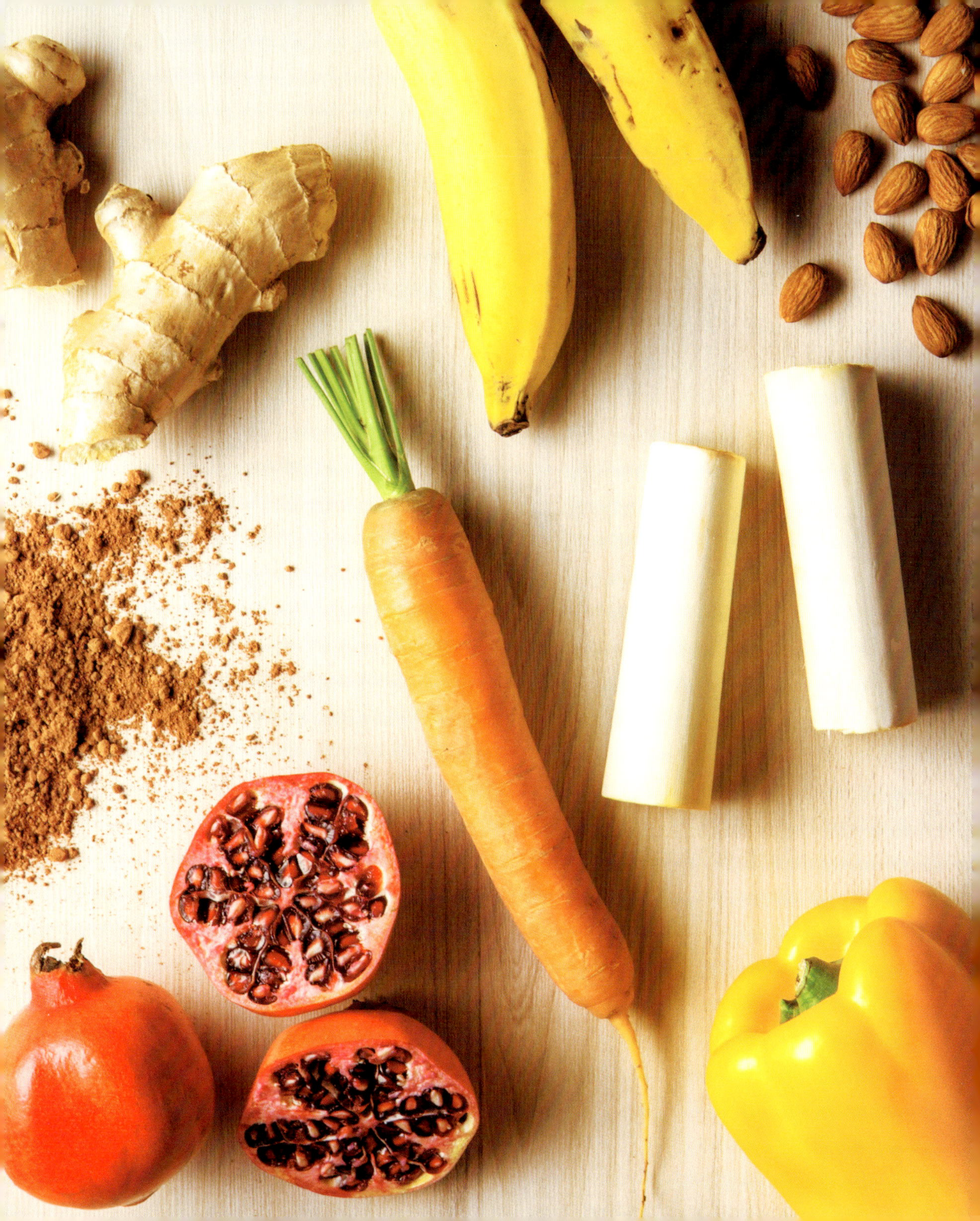

Dia 4
lanche da manhã

20 min

Smoothie de manga com maracujá

INGREDIENTES

100 g de manga Palmer
100 ml de suco de maracujá concentrado
1 colher de sopa de polpa de maracujá
1 *scoop* (20 g) de proteína de arroz sabor baunilha
1 colher de semente de abóbora crua sem casca
1 colher de *cranberry* desidratada

MODO DE PREPARO

Coloque o suco de maracujá no congelador por 30 minutos. Descasque a manga, corte e coloque-a no liquidificador, junto com a proteína vegana de arroz. Acrescente o suco de maracujá congelado. Bata até obter um creme. Coloque em uma tigela e finalize com sementes de abóbora e *cranberry*. Sirva gelado.

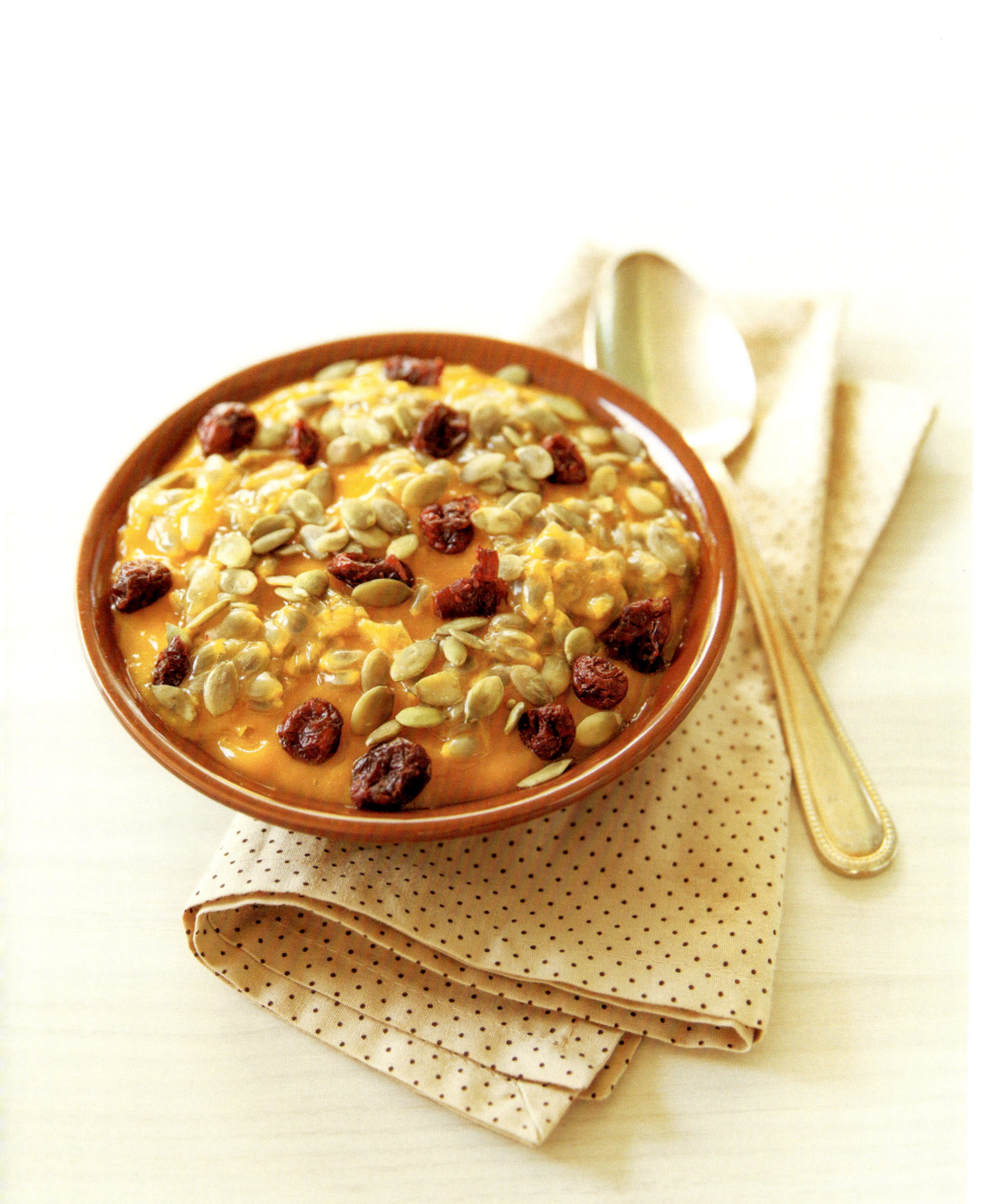

Dia 4
almoço / entrada

20 min

Caprese com queijo cremoso de macadâmia

INGREDIENTES

1 tomate italiano
6 folhas de manjericão
Azeite extravirgem
½ limão siciliano
2 colheres de queijo cremoso de macadâmia
Sal a gosto

Se você não encontrar macadâmia, use castanha de caju na mesma proporção.

MODO DE PREPARO

Corte o tomate em fatias e sobreponha sobre uma travessa. Em outro recipiente, amasse o queijo vegano até que ele vire uma pasta. Use uma colher de sopa e coloque com a ponta a pasta de queijo vegano sobre o tomate. Tempere com azeite extravirgem, ½ limão, sal a gosto e finalize com folhas de manjericão.

Queijo cremoso de macadâmia –
mesmo queijo usado na lasanha de abobrinha
Coloque a macadâmia para hidratar por 8 horas. Lave e leve ao liquidificador, coloque ½ xícara de água, 2 colheres de azeite, sal e ½ limão. Bata até obter uma textura cremosa e sem pedacinhos. Se for necessário, desligue o liquidificador algumas vezes, mexa com uma espátula, e continue batendo. Retire do liquidificador, coloque em um recipiente e leve à geladeira por 30 minutos.

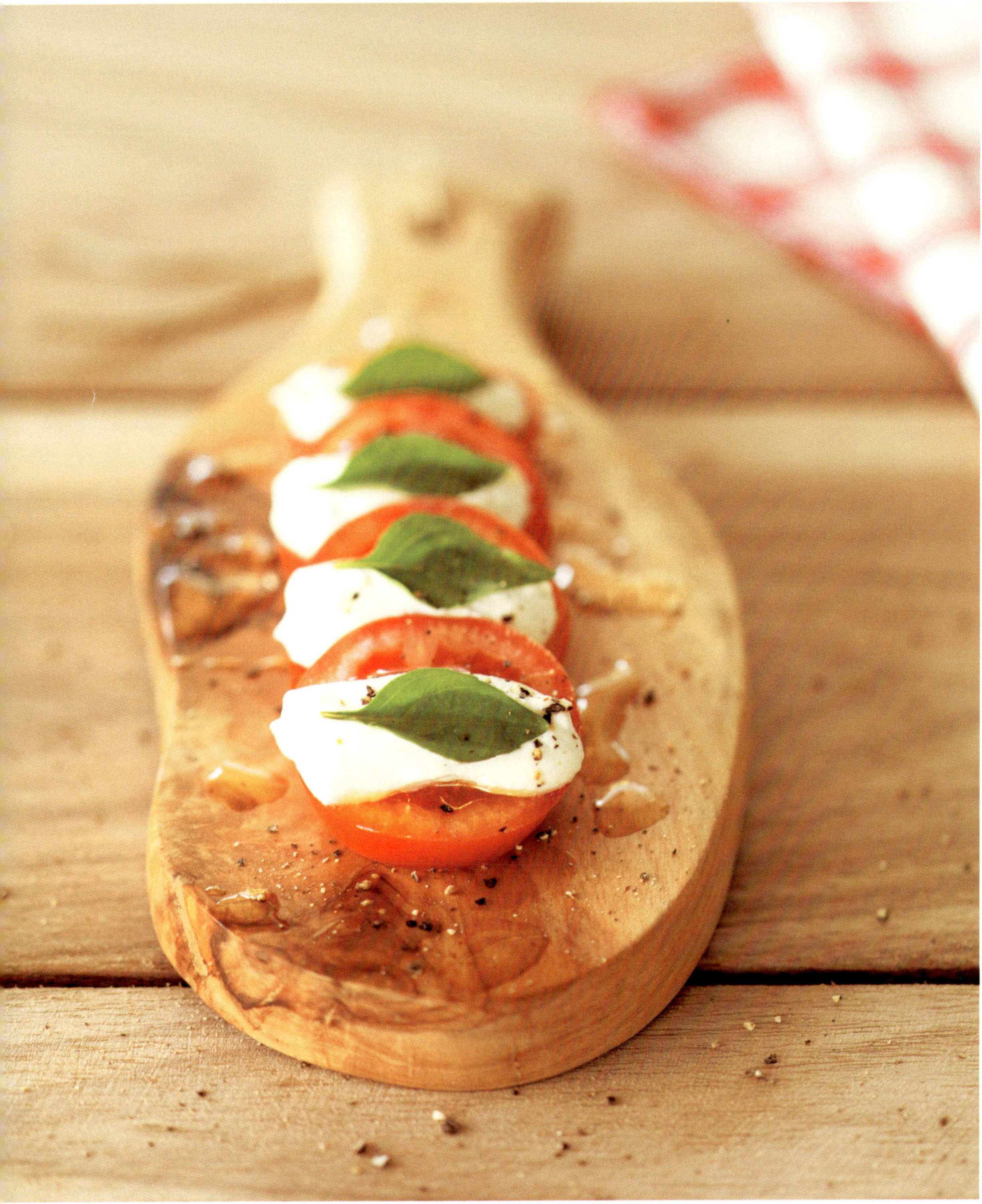

Dia 4
almoço / principal

1 hora

Nhoque de batata-doce com brócolis e tomate

INGREDIENTES

100 g de batata-doce
1 colher de sopa de farinha de arroz
1 colher de sopa de polvilho doce
1 colher de sopa de azeite extravirgem ou óleo de coco
100 g de brócolis picado
1 tomate sem sementes picado
½ cebola picada
1 colher de sopa de azeite extravirgem
1 dente de alho
1 colher de chá de tempero verde fresco picado
Sal do Himalaia a gosto

MODO DE PREPARO

Lave a casca da batata-doce e coloque-a para assar por 30 minutos. Acompanhe o ponto, furando com um garfo. Quando estiver molinha, retire do forno. Espere esfriar, tire a casca e faça um purê. Coloque em uma tigela. Misture o restante dos Ingredientes e amasse com as mãos até virar uma massa. Deve ficar solta e não grudar nas mãos. Em uma bancada, salpique farinha de arroz e modele a massa em formato de cobra. Corte em pedacinhos quadrados ou enrole e faça bolinhas. Jogue na água fervendo. Quando começarem a boiar, estão prontos. Corte a cebola em cubos, rale o alho e doure-os no azeite. Adicione os legumes e refogue, deixando-os *al dente*. Acrescente o nhoque e finalize com o tempero verde picado.

Você pode variar seu nhoque e trocar a batata-doce por batata-baroa.

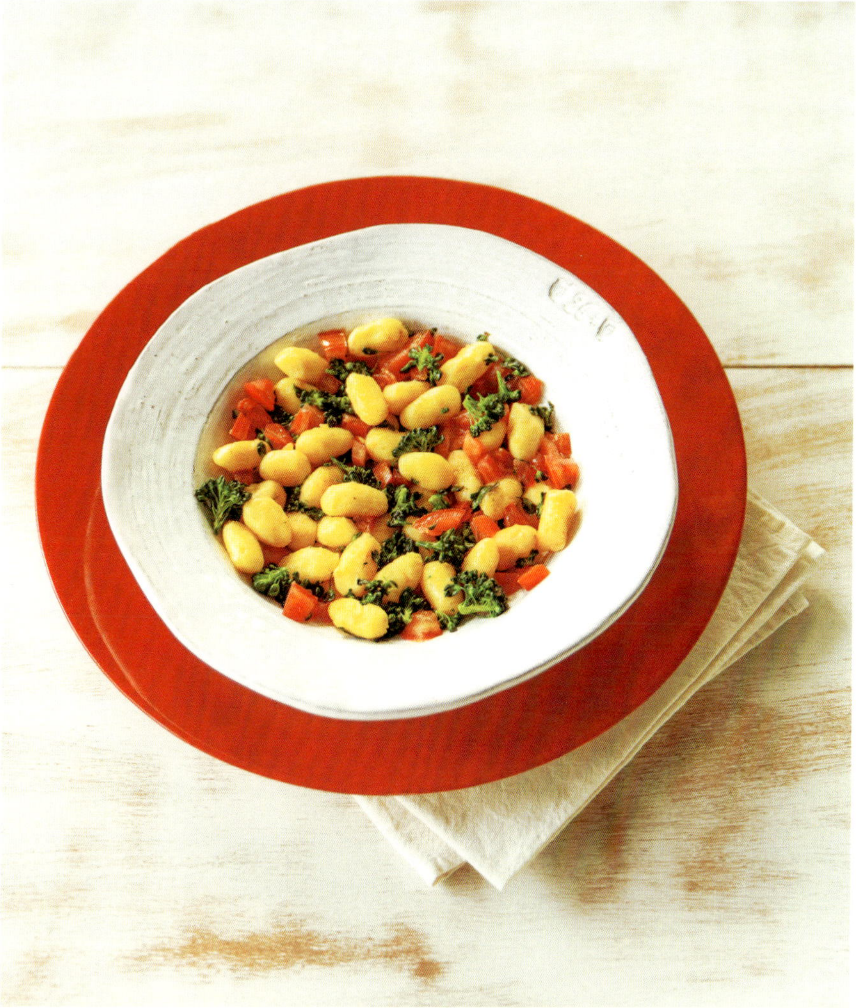

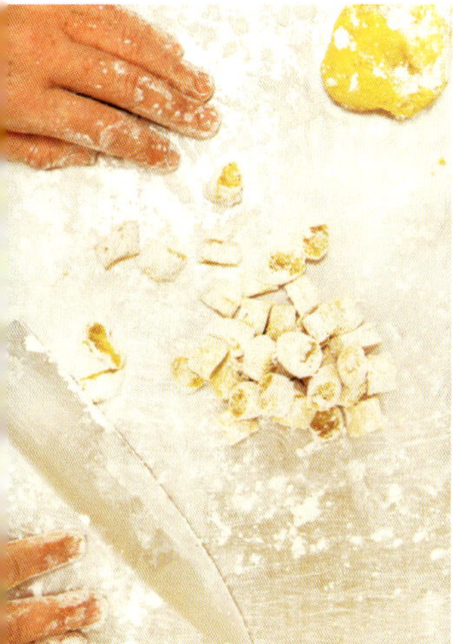

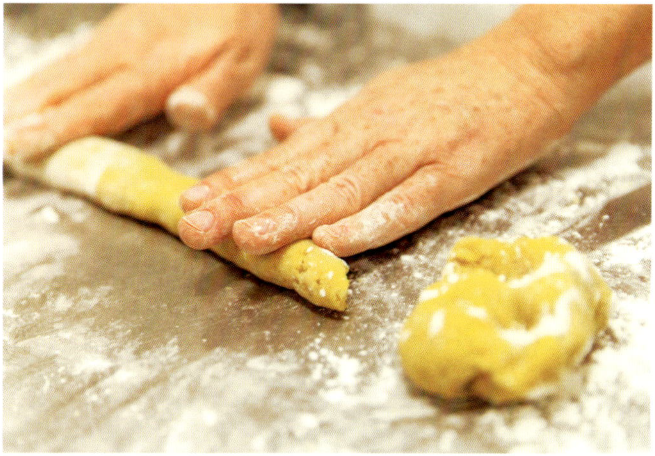

Dia 4
lanche da tarde

⏱ 40 min

Manjar de coco com calda de maracujá

INGREDIENTES

50 g de amêndoas cruas e sem pele
100 ml de leite de coco
1 colher de açúcar demerara
5 g de *agar agar* (gelatina de alga marinha)

INGREDIENTES CALDA DE MARACUJÁ

1 maracujá
1 colher de açúcar demerara ou de coco

MODO DE PREPARO

Manjar de coco

Coloque as amêndoas para hidratar por 8 horas. Despreze a água e lave as amêndoas em água corrente. Leve ao liquidificador as amêndoas e o leite de coco, acrescentando 1 colher de açúcar demerara. Bata bastante, até obter uma textura cremosa e sem pedacinhos. Coloque a *agar agar* em uma panela e dilua em 50 ml de água fria, leve ao fogo e mexa sem parar até ferver. Desligue. Misture aos Ingredientes que estão no liquidificador, e volte a bater até obter uma textura bem cremosa. Coloque em uma taça e leve à geladeira.

Calda de maracujá

Bata os Ingredientes em uma panela, adicione 50 ml de água e mexa até ferver. Coloque 3 colheres de sopa de calda de maracujá sobre o manjar.

Lembra da geleia de damasco que sugeri manter na geladeira? Ela é uma ótima opção para substituir o maracujá.

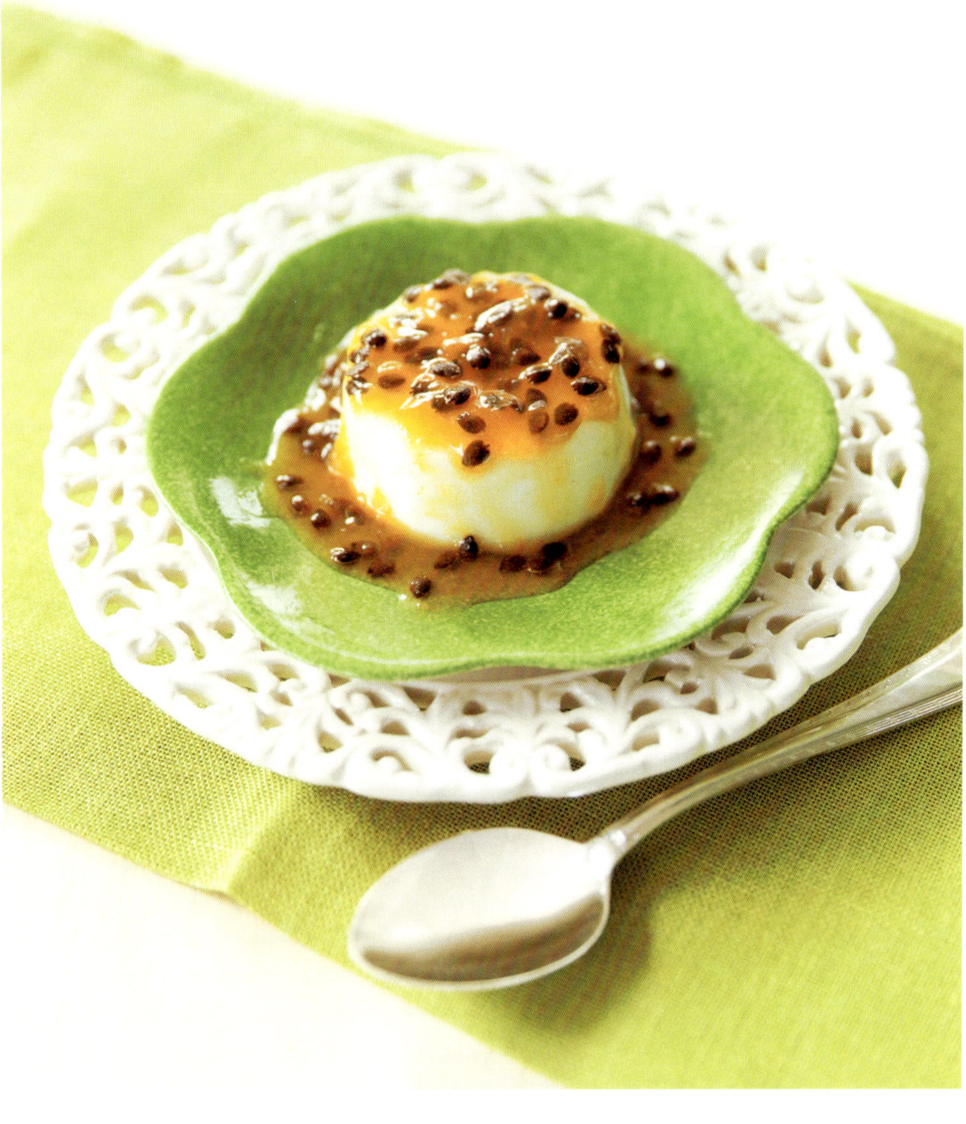

Dia 4
almoço / entrada

⏱ 40 min

Canja vegana

INGREDIENTES

50 g de couve-flor picadinha (só as flores, parte branca)
50 g de cebola picada
50 g de cenoura picada em cubos
50 g de inhame cortado em cubos
20 g de alho-poró picado
1 colher de sopa de tempero verde (salsa e cebolinha picados)
2 colheres de sopa de molho de tomate (veja receita no terceiro dia)
1 alho ralado
2 colheres de sopa de azeite extravirgem ou óleo de coco
Pimenta branca a gosto

Caso prefira cremes, você pode bater essa sugestão de receita no liquidificador.

MODO DE PREPARO

Doure a cebola e o alho no óleo de azeite ou óleo de coco. Coloque 500 ml de água, adicione os legumes já picados, coloque o molho de tomate, e deixe cozinhar por 30 minutos. Tempere com sal e pimenta branca a gosto. Finalize colocando o tempero verde.

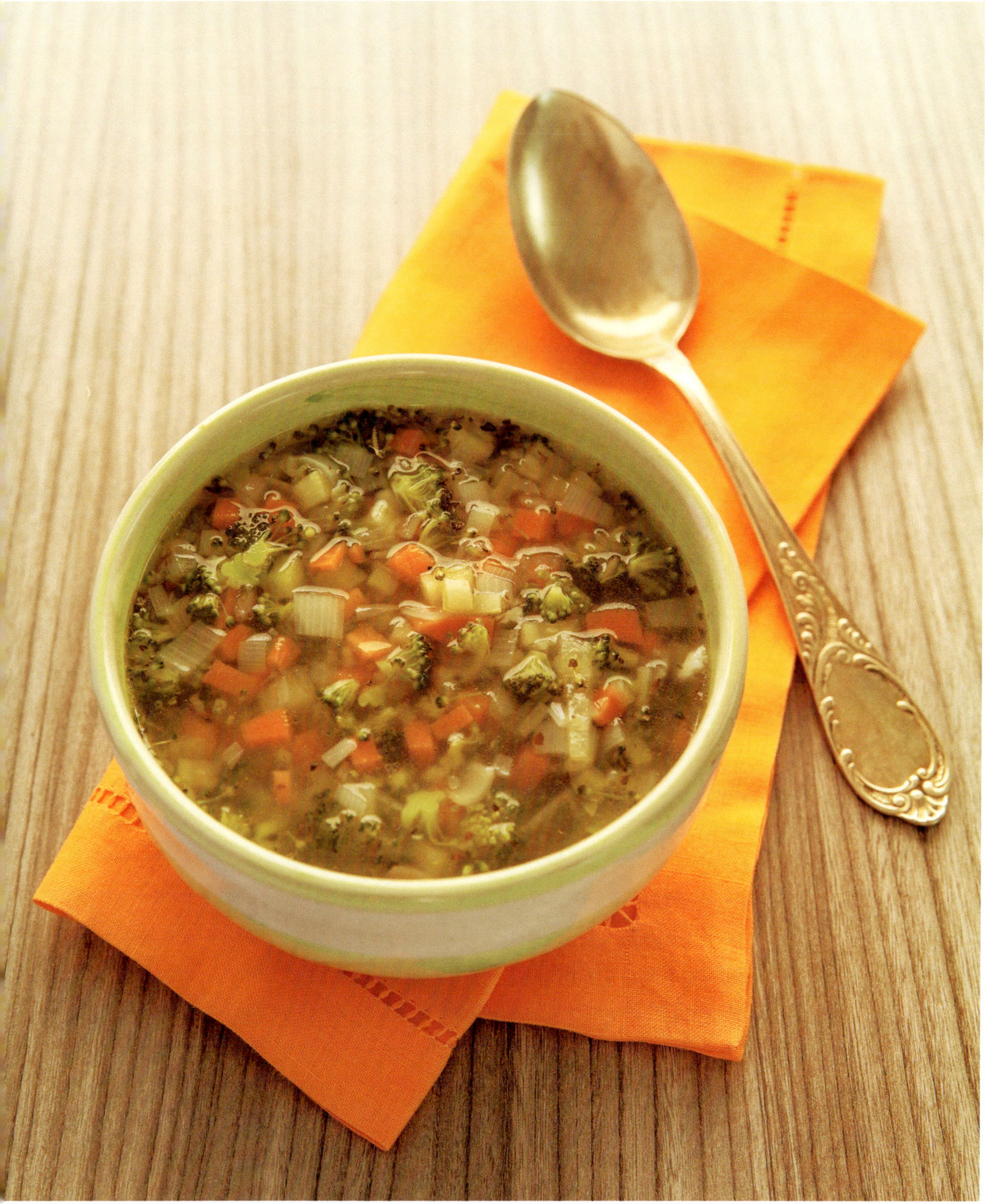

Dia 5

8h
desjejum
Suco verde

9h
lanche da manhã
Smoothie de morango

12h
almoço
Yakisoba cru de palmito com legumes
+
Sushi vegano

15h
lanche da tarde
Milk-shake de morango com leite de amêndoas

21h
jantar
Sopa de inhame com *curry*

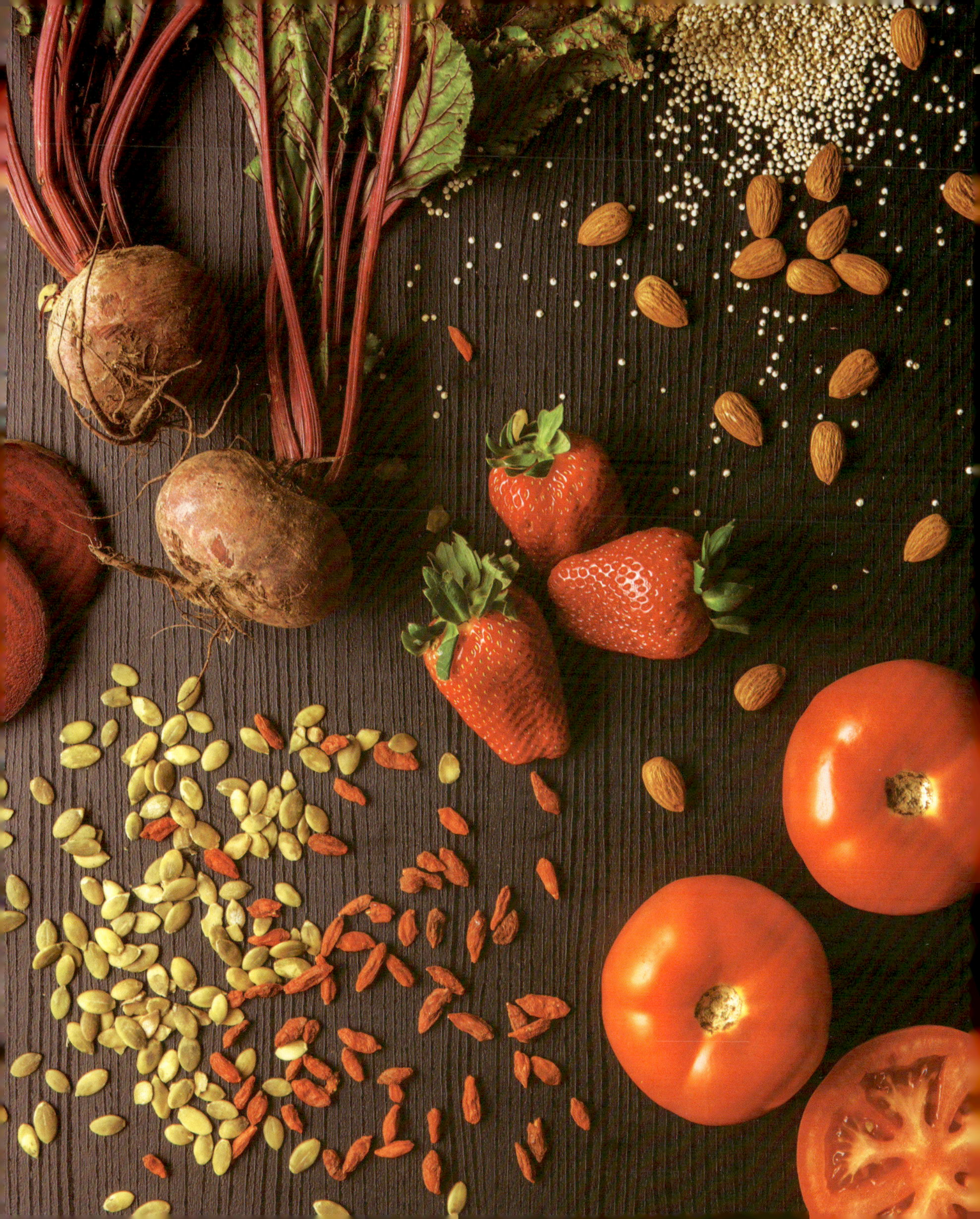

Dia 5
lanche da manhã

⏱ 20 min

Smoothie de morango

INGREDIENTES

100 g de morango congelado

4 morangos frescos

1 *scoop* (20 g) de proteína vegana de ervilha sabor *berrys*

1 colher de sopa de chia

1 colher de chá de *spirurina* ou clorofila em pó

6 gotas de adoçante *stévia*

MODO DE PREPARO

Coloque o morango já congelado no liquidificador, com a proteína vegana de ervilha e o adoçante. Adicione 200 ml de água gelada e bata bem, até obter textura cremosa.

Coloque em uma tigela, finalize com o morango cortado em fatias, salpique a *spirulina* em pó e a chia. Consuma em seguida.

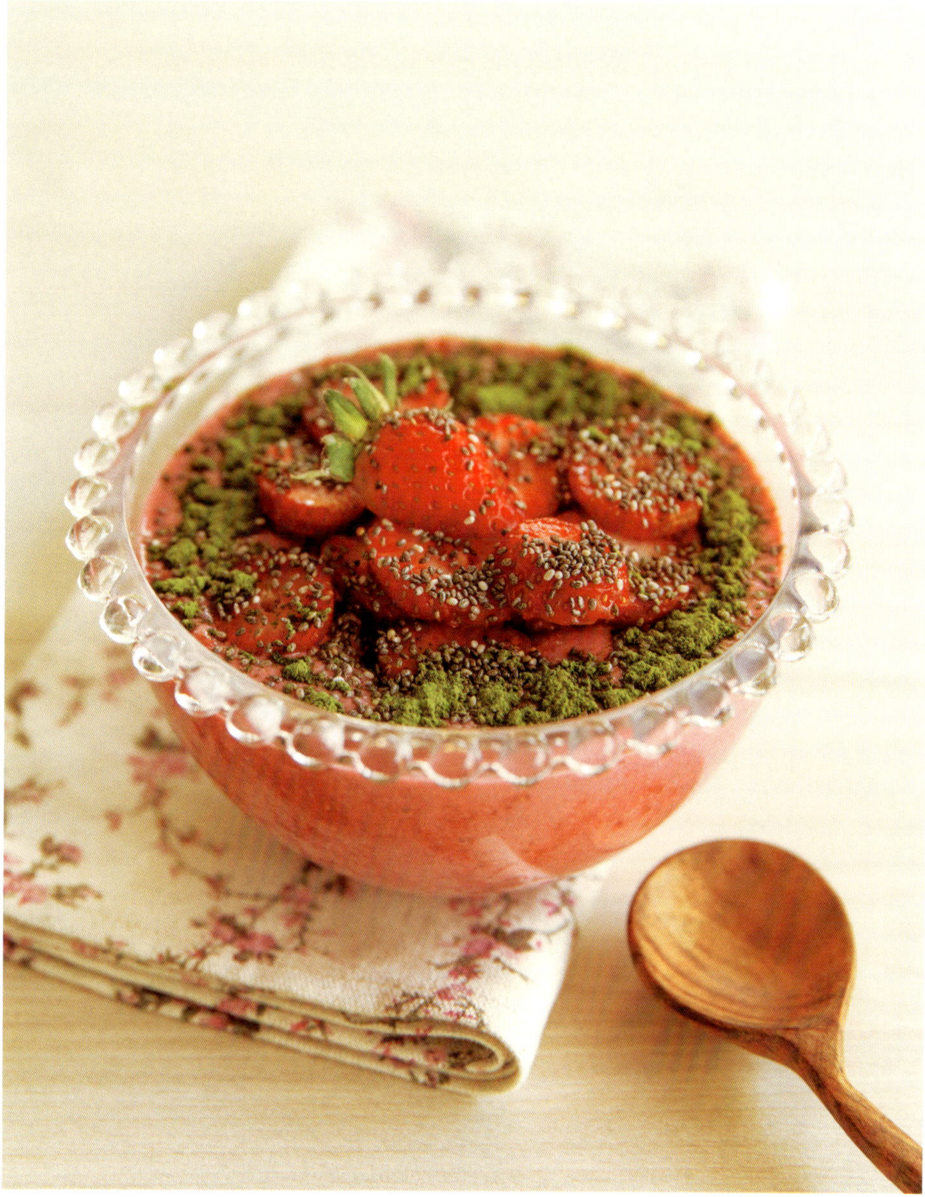

Dia 5
almoço / entrada

30 min

Yakisoba cru de palmito com legumes

INGREDIENTES

100 g de palmito pupunha fresco
20 g de cenoura cortada em palito
20 g de brócolis
20 g de couve-flor
1 alho
1 colher de azeite extravirgem ou óleo de coco
1 colher de chá de açúcar mascavo
Sal

Caso você não encontre palmito pupunha fresco, substitua por abobrinha italiana, sem casca.

MODO DE PREPARO

Corte o palmito com fatiado de dente, no formato de espaguete. Reserve.

Doure o alho no óleo de coco ou no azeite, adicione o açúcar até caramelizar. Coloque primeiro a cenoura e adicione ½ xícara de água, e refogue. Coloque o brócolis e a couve-flor. Deixe por 5 minutos cozinhando. Sempre atente para manter os legumes *al dente*. Depois adicione os palmitos, tempere com sal e logo seguida desligue. O palmito deve cozinhar apenas com o calor dos legumes e manter uma textura durinha.

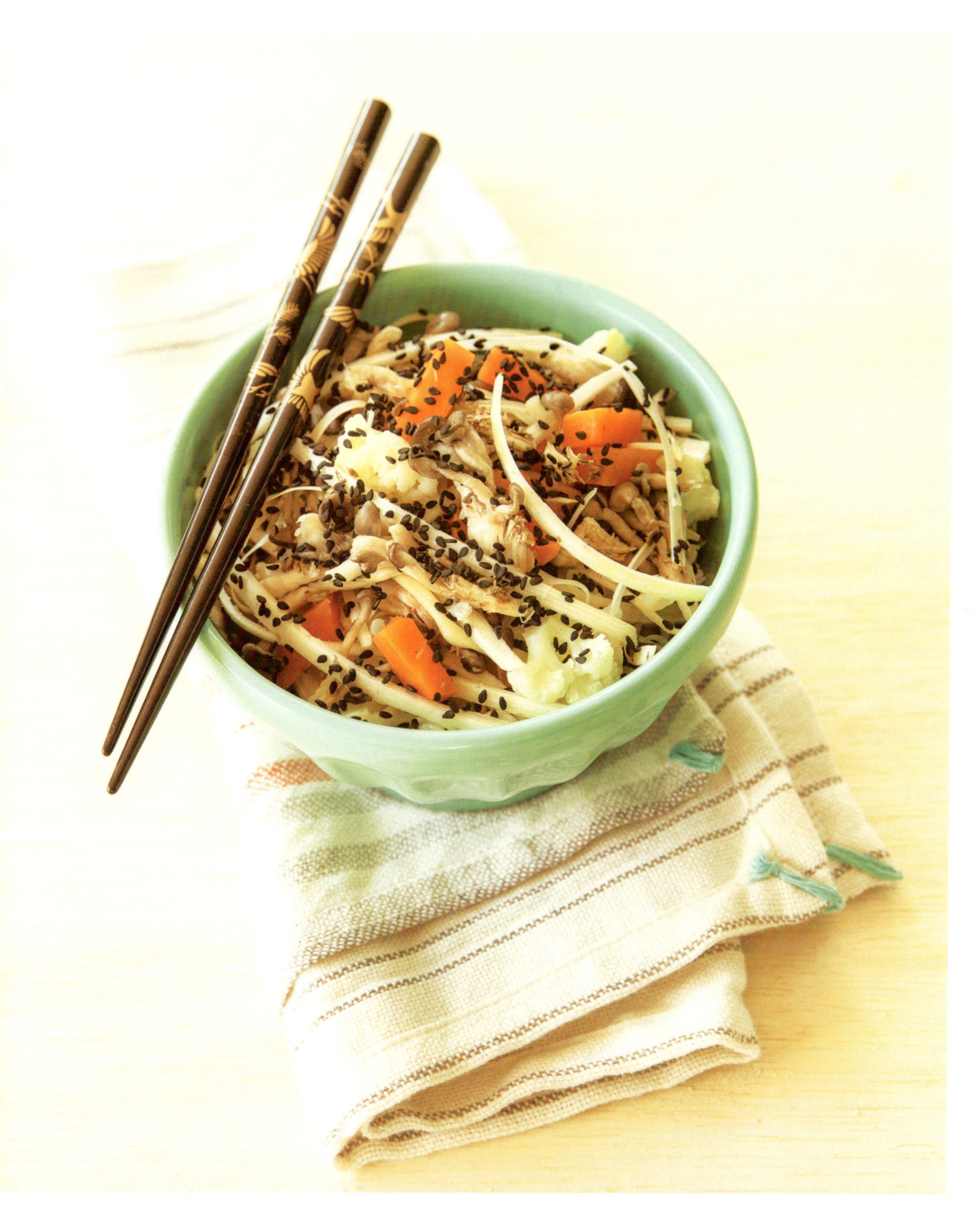

Dia 5
almoço / principal

20 min

Sushi vegano

INGREDIENTES

100 g de quinoa
20 g de gergelim
1 colher de amido de milho
20 g de pepino japonês
20 g de cenoura
4 cebolinhas finas
20 g de manga
2 folhas de alga Nori desidratada
Sal a gosto

MODO DE PREPARO

Cozinhe a quinoa em pouca água, deixando *al dente*. Adicione o amido diluído em ½ xícara de água, e mexa. Adicione o gergelim, o sal, desligue o fogo e reserve. Corte a manga em tirinhas. Use o cortador manual com dente para cortar a cenoura e o pepino, usando só a casca do pepino, deixando-o em tiras. Reserve.

Montagem
Coloque um pano de prato limpo sobre uma superfície, abra a alga marinha sobre ele e espalhe a quinoa já preparada com o amido que foi utilizado para dar a liga. Depois, coloque o pepino, a manga, a cenoura e a cebolinha sobrepostos no começo da alga e vá enrolando lentamente, deixando firme ao apertar, mas com cuidado, para não rasgar a alga. Depois fatie com uma faca amolada, com largura de 2 dedos. Coloque no prato e sirva gelado.

Se você preferir, substitua a quinoa por arroz integral cateto.

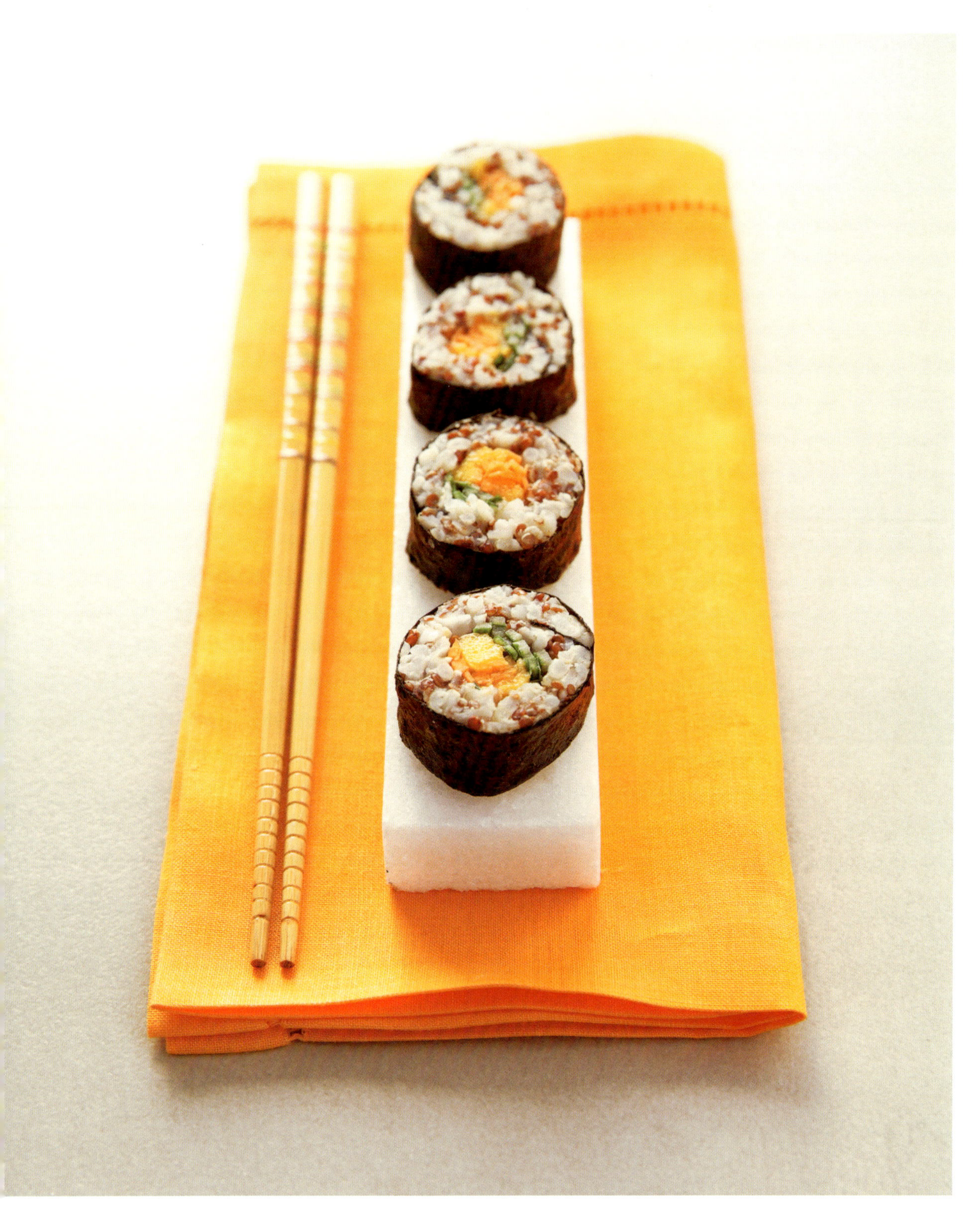

Dia 5
lanche da tarde

20 min

Milk-shake de morango com leite de amêndoas

INGREDIENTES *MILK-SHAKE*

100 g de morango
200 ml de leite de amêndoas
1 colher de sopa de óleo de coco
1 colher de açúcar de coco ou adoçante stévia

INGREDIENTES LEITE DE AMÊNDOAS

250 g de amêndoas cruas e sem sal
500 ml de água
1 colher de café de flor-de-sal ou sal do Himalaia
1 colher de chá de açúcar demerara

MODO DE PREPARO

Milk-shake de Morango
Coloque os morangos no congelador, por no mínimo 1 hora. Coloque o leite, os morangos já congelados e o restante dos ingredientes no liquidificador. Bata até obter uma textura cremosa. Beba em seguida.

Leite de amêndoas
Coloque as amêndoas de molho de um dia para o outro com água. Hidratar por 8 horas. Escorra e despreze a água onde as amêndoas ficaram de molho. Lave-as bastante. Bata as amêndoas no liquidificador com 500 ml de água, o açúcar e o sal. Bata na função pulsar por 4 vezes. Depois coe em um pano fino. Guarde o leite em um vidro com tampa.

Tenha sempre frutas congeladas. Elas são ótimas opções para shakes, smoothies ou sucos de frutas para o lanche da tarde.

Dia 5
jantar

⏱ 20 min

Sopa de inhame com *curry*

INGREDIENTES

150 g de inhame
50 g de cebola
2 dentes de alho
2 colheres de óleo de coco
1 colher de café de *curry*
Sal do Himalaia ou marinho a gosto

Se você não gostar de inhame, use batata-doce.

MODO DE PREPARO

Descasque, corte e lave o inhame. Coloque-o em uma panela com 500 ml de água e deixe cozinhar por 20 minutos. Desligue e reserve.

Em outra panela, doure a cebola e o alho ralado no óleo de coco. Junte ao inhame já cozinho, coloque o *curry*, o sal e leve ao liquidificador. Bata tudo até ficar cremoso. Em seguida, leve à panela e adicione a quinoa. Deixe cozinhar por 10 minutos. Sirva quente.

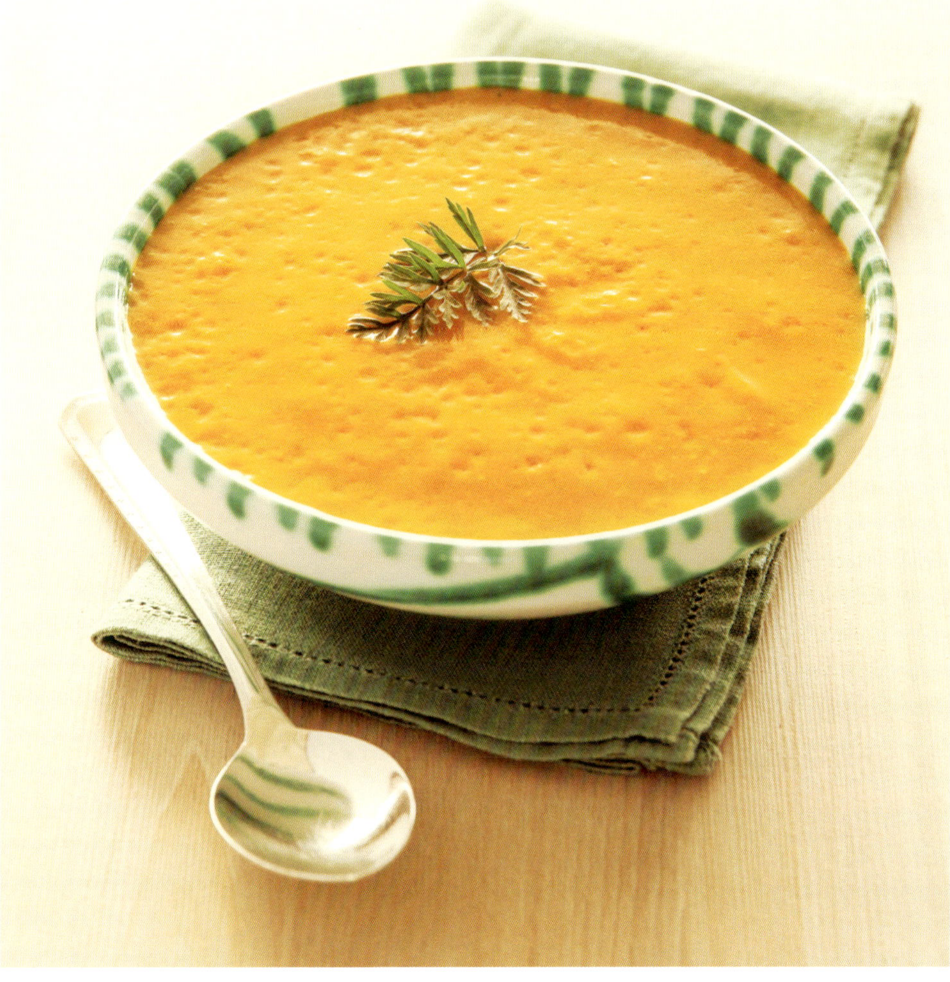

Dia 6

8h
desjejum
Suco verde

9h
lanche da manhã
Mingau de aveia sem glúten com leite de coco

12h
almoço
Rondelli de beterraba
+
Risoto de quinoa com tomate

15h
lanche da tarde
Barrinha *raw* de sementes

21h
jantar
Sopa de folhas verdes

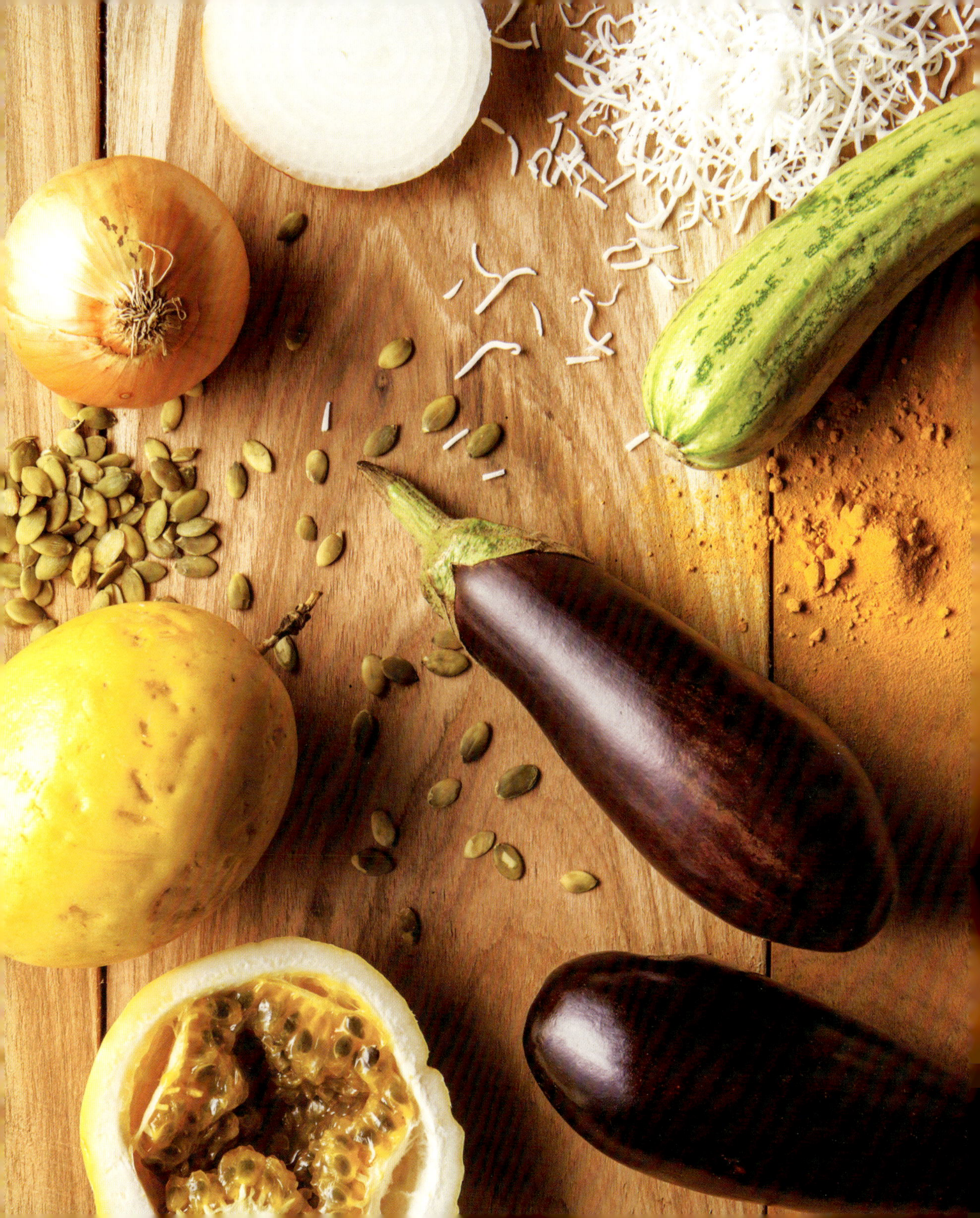

Dia 6
lanche da manhã

20 min

Mingau de aveia sem glúten com leite de coco

INGREDIENTES

50 g de aveia (2 colheres de sopa) sem glúten
200 ml de leite de coco
6 gotas de adoçante *stévia*
½ banana prata
1 colher de pólen

MODO DE PREPARO

Coloque o leite em uma tigela, acrescente a aveia e o adoçante e deixe hidratar por 1 hora na geladeira. Retire da geladeira e misture bem. Finalize com o pólen e com a banana fatiada.

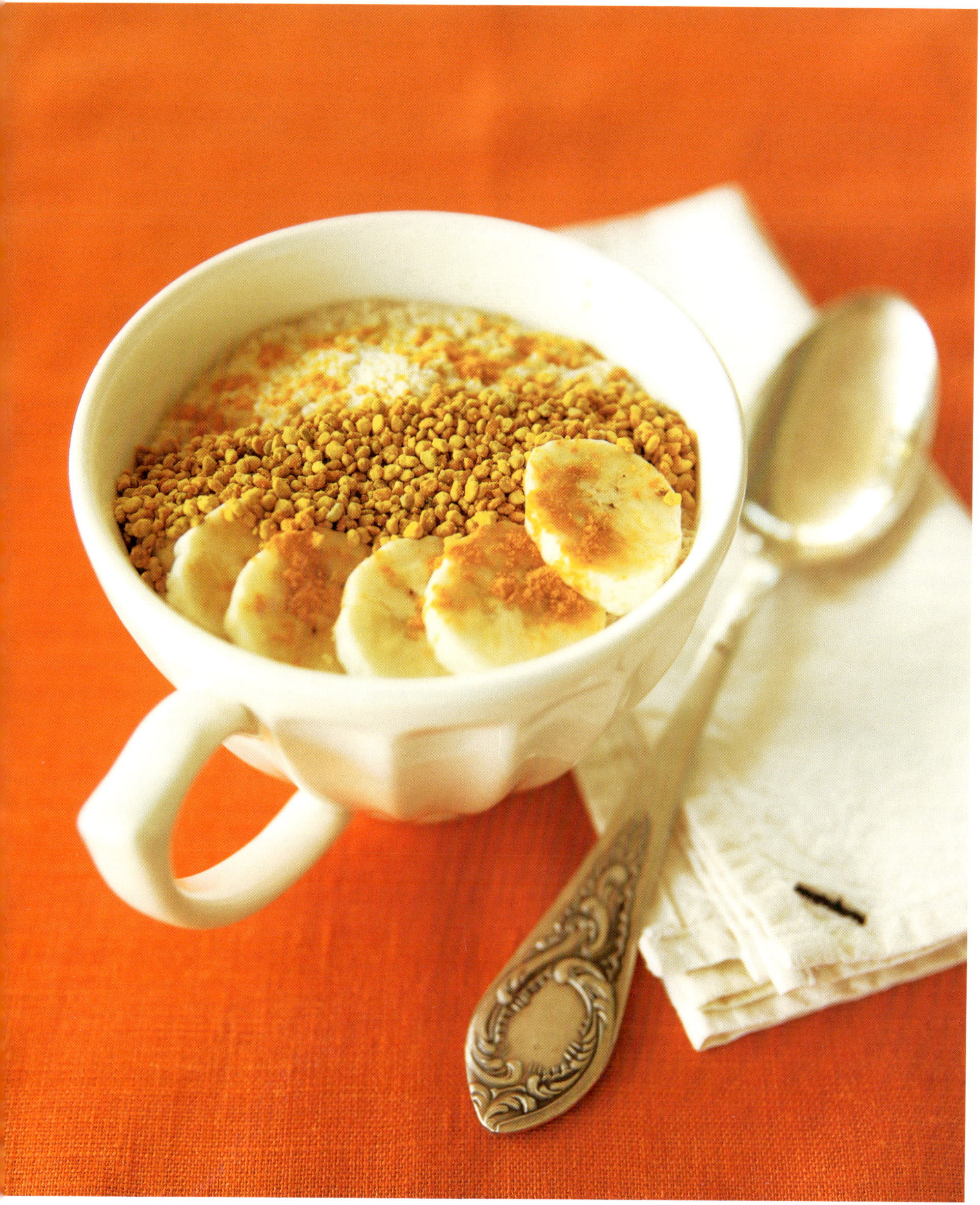

Dia 6
almoço / entrada

20 min

Rondelli de beterraba

INGREDIENTES

70 g de beterraba média
Limão tahiti
Broto de rúcula
Sal

INGREDIENTES RECHEIO

100 g de macadâmia hidratada
Sal
Tomilho fresco

MODO DE PREPARO

Rondelli
Descasque a beterraba e corte em fatias em um cortador. Reserve.

Recheio
Lave bem a macadâmia e despreze a água. Leve ao liquidificador, adicione 50 ml de água morna e sal, batendo até não ficar nenhum pedaço.

Montagem
Pegue 1 fatia, dobre no formato de meia-lua e recheie com ½ colher de sopa de pasta de macadâmia. Feche e coloque sobre um prato, repita a mesma coisa com outras 6 fatias. Tempere com azeite e salpique sal.

A beterraba deve apresentar tamanho médio, para que você consiga dobrar as fatias. Ao fatiar a beterraba, seque com um papel toalha.

Dia 6
almoço / principal

30 min

Risoto de quinoa com tomate

INGREDIENTES

50 g de quinoa branca
2 tomates italianos
1 colher de amido de milho
½ cebola cortada em cubinhos
1 dente de alho
2 colheres de azeite extravirgem
2 colheres de molho de tomate orgânico
1 colher de tempero verde picado
Sal do Himalaia a gosto

MODO DE PREPARO

Coloque a quinoa para cozinhar em 250 ml de água. Durante 5 minutos, observe o ponto de deixá-la *al dente*. Desligue o fogo e reserve.

Em outra panela, doure a cebola no azeite, depois acrescente o alho e doure mais um pouco. Coloque a quinoa já cozida e mexa.

Em um copo de 100 ml, dilua o amido e vá colocando na quinoa aos poucos, até obter uma textura cremosa. Adicione o molho de tomate, mexa bem, acrescente o sal do Himalaia, o tempero verde e por último, o tomate picado. Assim que colocar o tomate, desligue o fogo.
Sirva quente.

Se preferir, você pode substituir a quinoa por arroz integral cateto.

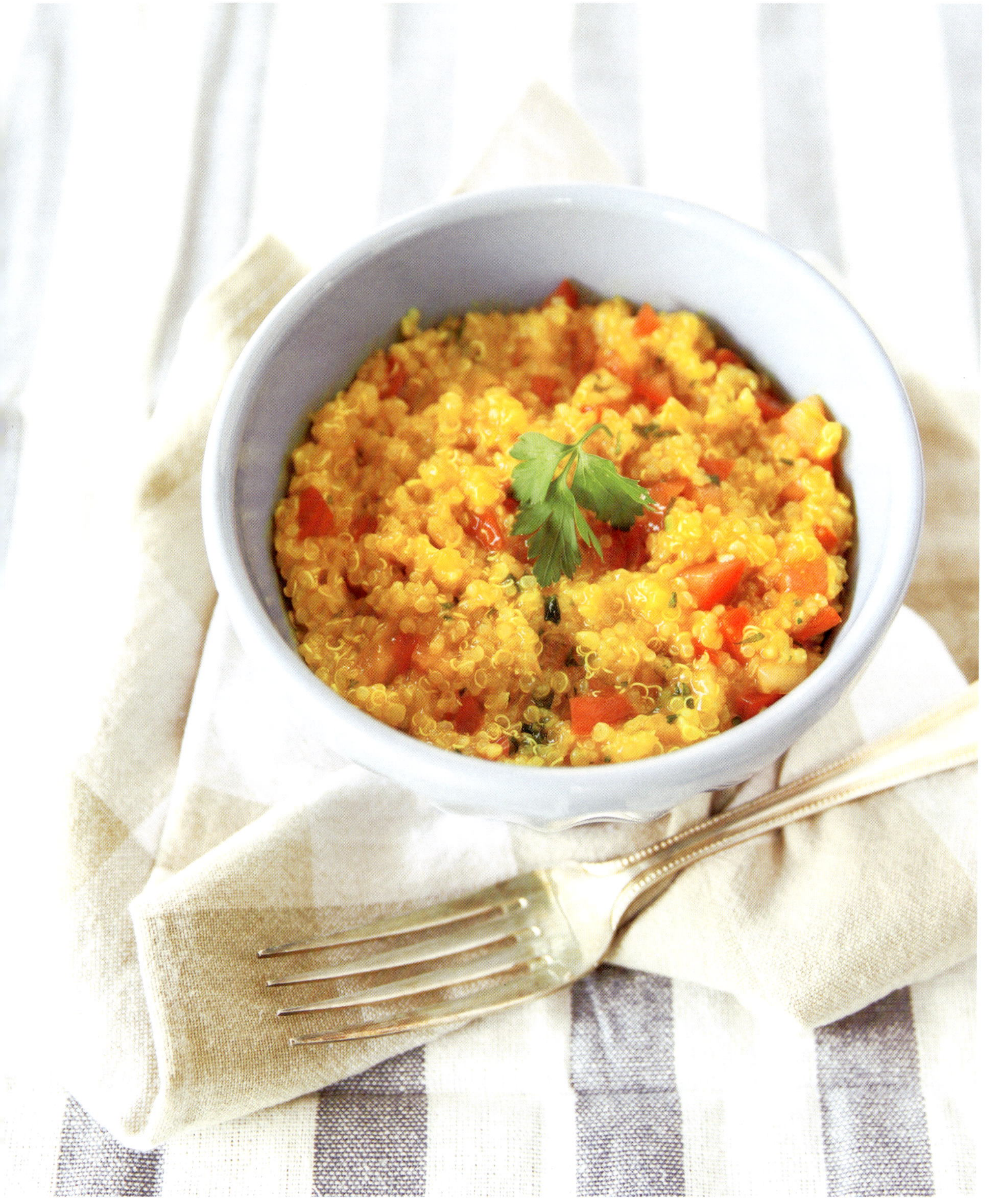

Dia 6
lanche da tarde

⏱ 40 min

Barrinha *raw* de sementes

INGREDIENTES

20 g de amêndoas
20 g de avelã
20 g de castanha de caju
20 g de macadâmia
20 g de tâmaras
1 colher de sopa de óleo de coco
½ colher de café de flor-de-sal

Finalização: Chia, *Goji*, *Cranberry*, Pistache picado

Consuma uma unidade apenas como lanche da tarde.

MODO DE PREPARO

Coloque a tâmara para hidratar por 8 horas. Lave-as, e leve ao processador. Bata até obter uma massa. Adicione as semente e volte a bater na função triturar ou pulsar. As sementes devem ficar picadas e não podem virar farinha. Retire, coloque em um recipiente e adicione o restante dos Ingredientes. Mexa com as mãos até obter uma massa. Forre uma tábua ou forma com papel filme, espalhe a massa com uma espátula, deixando uma grossura de um dedo. Leve para geladeira e deixe por 30 minutos. Depois corte com uma faca e decore a superfície com semente de chia, *goji*, pistache ou a que você preferir. Rende 4 barrinhas.

Observação: Todas as sementes devem ser cruas e sem sal.

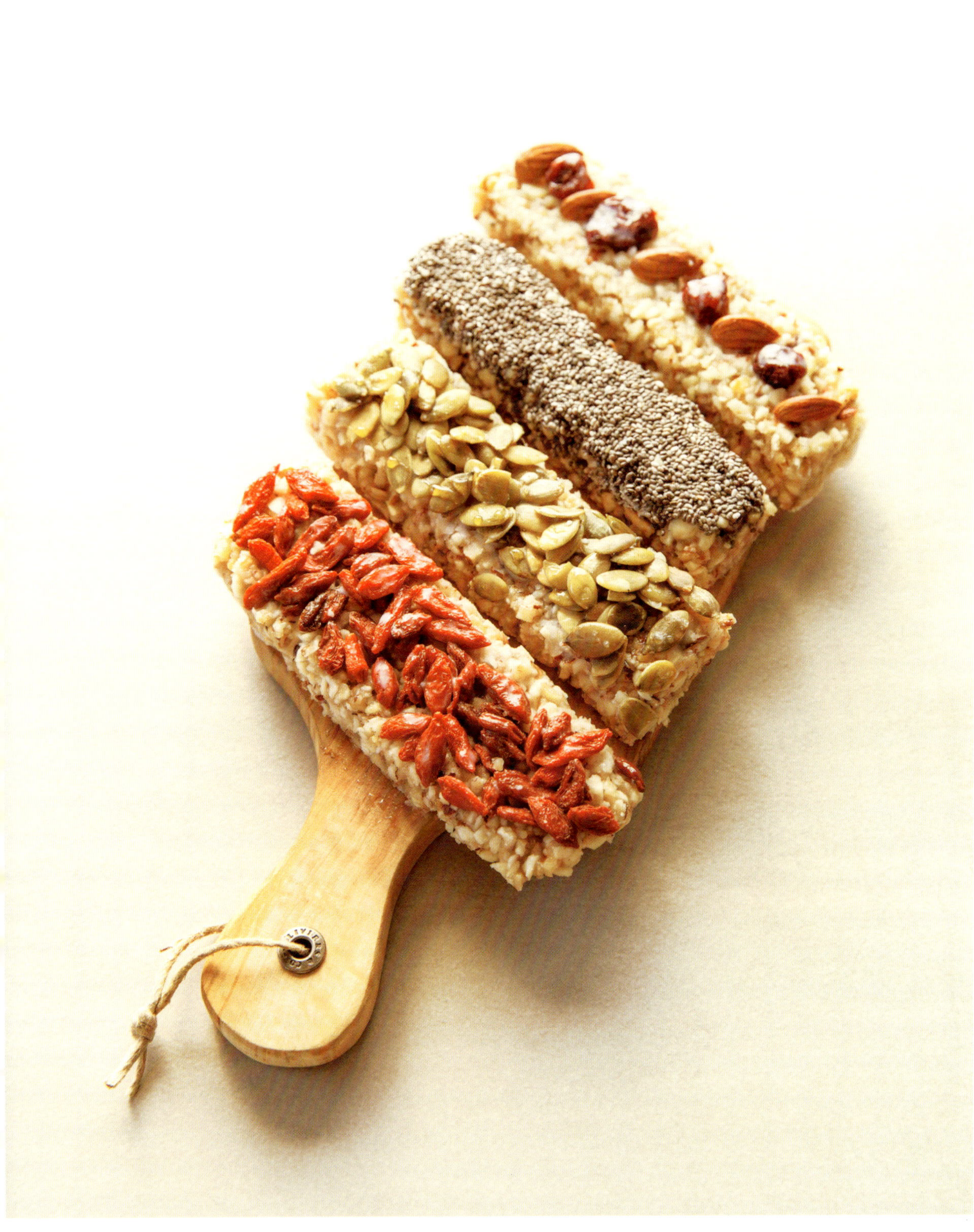

Dia 6
jantar

⏱ 40 min

Sopa de folhas verdes

INGREDIENTES

50 g de acelga

50 g de espinafre

20 g de salsinha

100 g de inhame

2 dentes de alho ralados

2 colheres de azeite extravirgem ou óleo de coco

1 colher de chá de gengibre ralado

Sal a gosto

Caso não goste de alguma folha verde sugerida, use uma de sua preferência.

MODO DE PREPARO

Higienize todas as folhas. Coloque 500 ml de água para ferver. Quando começar a ferver, adicione o inhame e cozinhe até ficar mole. Depois adicione as folhas picadas e deixe cozinhar por 20 minutos. Desligue e reserve.

Em outra panela, doure o alho ralado no óleo de coco. Depois junte aos outros Ingredientes já cozidos. Acrescente o sal e bata tudo até ficar cremoso. Sirva quente.

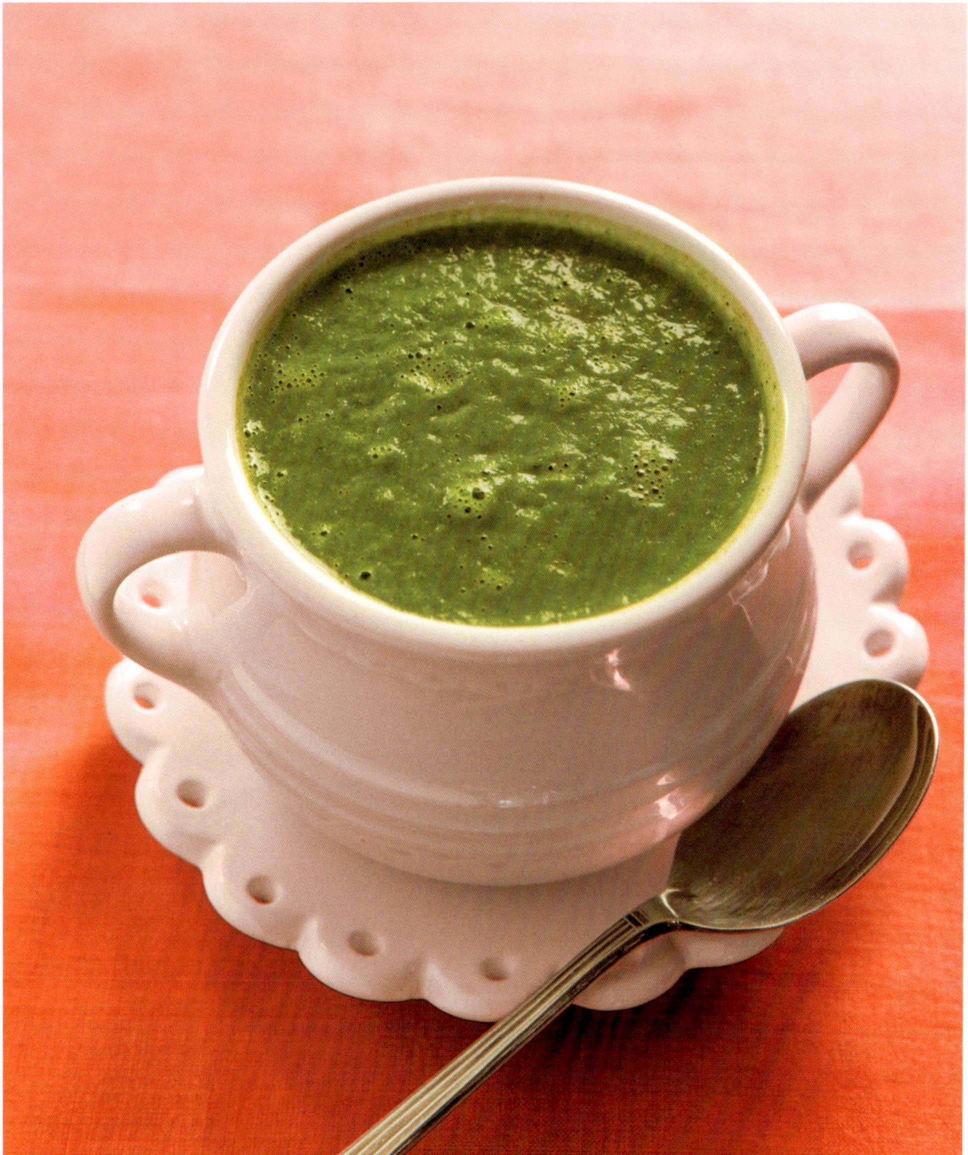

Dia 7

8h
desjejum
Suco verde

9h
lanche da manhã
Smoothie de mamão papaia com laranja

12h
almoço
Ceviche de cogumelo paris
+
Moqueca de palmito com pirão de banana-da-terra

15h
lanche da tarde
Tortelete *raw* de morango com *blueberry*

21h
jantar
Sopa de abobrinha com quinoa

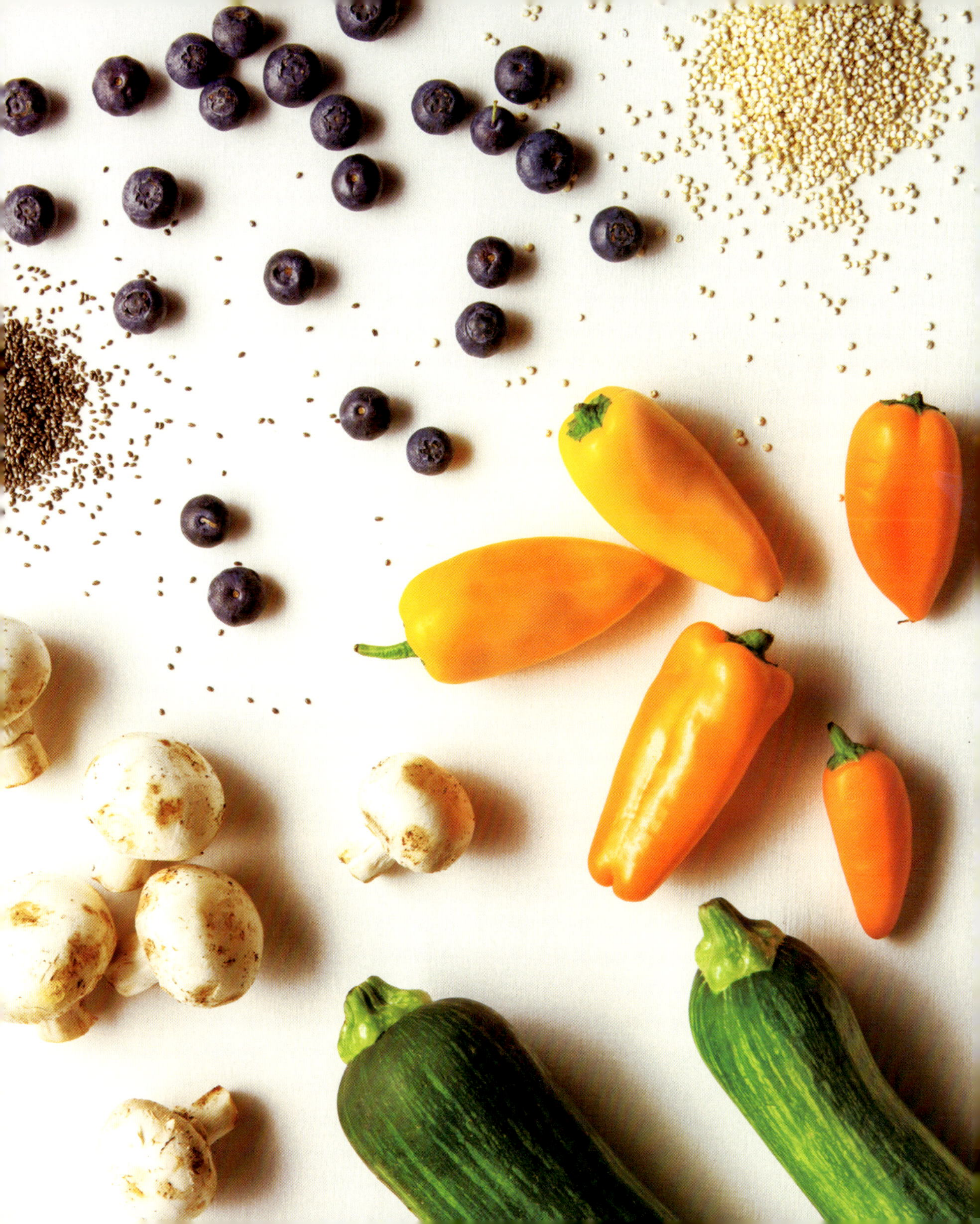

Dia 7
lanche da manhã

20 min

Smoothie de mamão papaia com laranja

INGREDIENTES

1 mamão papaia
1 *scoop* (20 g) de proteína de arroz sabor baunilha
1 copo de 200 ml de suco de laranja
1 colher de sopa de coco em flocos
1 colher de chá chia
1 colher de chá de pólen
1 colher de sopa de *cranberry*

MODO DE PREPARO

Retire as sementes do mamão papaia. Separe a polpa. Coloque-a no liquidificador, acrescente o suco de laranja, a proteína vegana e bata. Finalize com chia, pólen e *cranberry*.

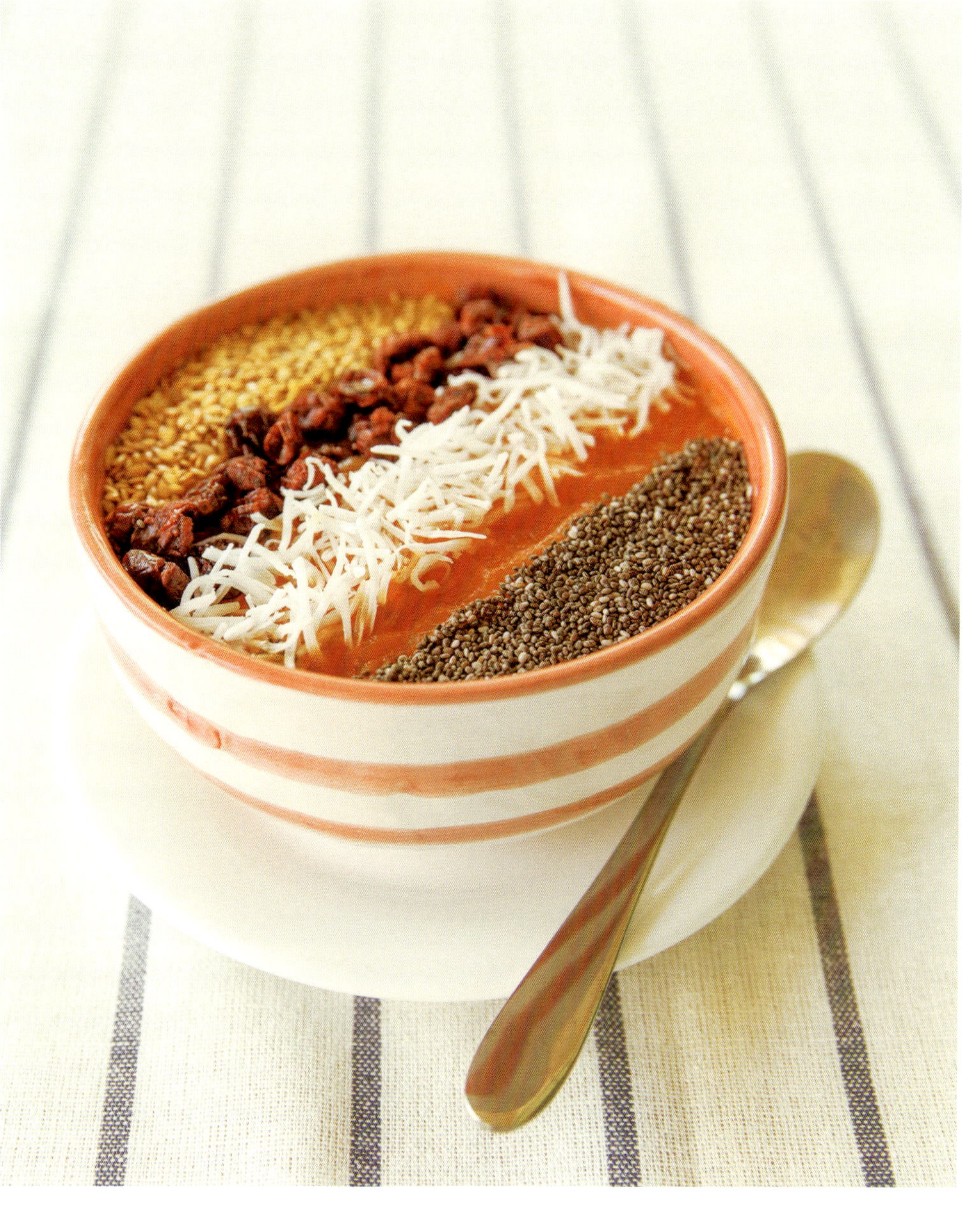

Dia 7
almoço / entrada

20 min

Ceviche de cogumelo paris

INGREDIENTES

100 g de cogumelo paris
20 g de cebola roxa picada em cubos
1 colher de chá de coentro picado
1 limão tahiti
20 g de milho cozido
1 colher de azeite extravirgem
Sal a gosto
Pimenta moída branca a gosto

Caso você não goste de cogumelo, use tofu orgânico cortadinho em cubos.

MODO DE PREPARO

Limpe o cogumelo paris e corte-o em fatias. Coloque em um recipiente e adicione a cebola já picada, o coentro, o milho e tempere com o suco do limão, azeite, sal e pimenta. Coloque em uma taça e sirva.

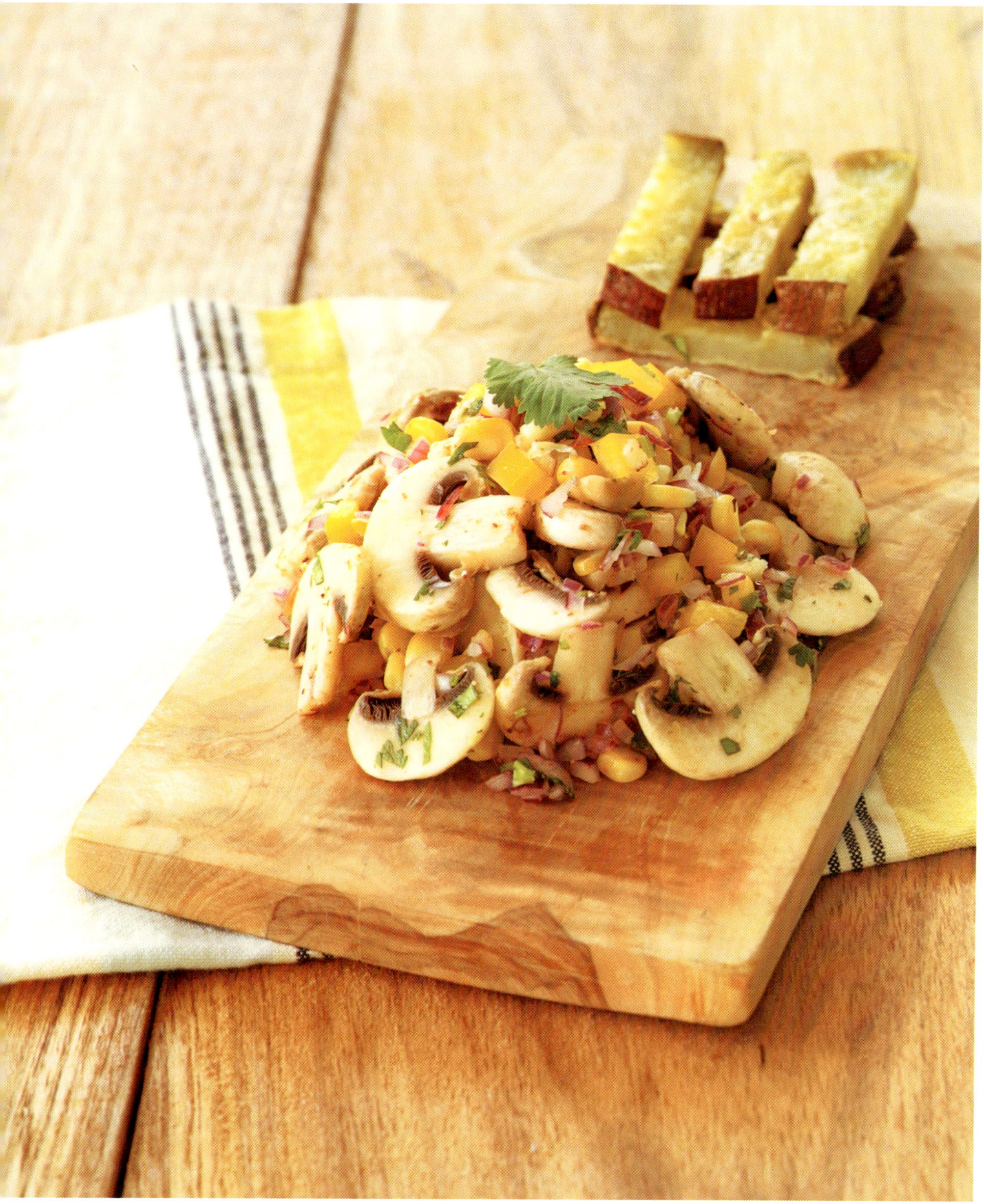

Dia 7
almoço / principal

40 min

Moqueca de palmito com pirão de banana-da-terra

INGREDIENTES MOQUECA

100 g de palmito pupunha fresco cortado em fatias
1 tomate cortado em fatias
⅓ de pimentão amarelo pequeno (20 g) cortado em fatias
½ de cebola (20 g) cortada em lâminas
1 colher de sopa de amido de milho
2 colheres de leite de coco
1 dente de alho ralado
1 colher de sopa de coentro picado
1 colher de sopa de óleo de coco
Sal do Himalaia ou sal marinho a gosto

INGREDIENTES PIRÃO

50 g de banana-da-terra
1 alho ralado
1 colher de sopa de azeite
Sal do Himalaia ou marinho a gosto

MODO DE PREPARO

Moqueca de palmito

Coloque o amido de milho no liquidificador. Adicione o leite de coco e 200 ml de água. Bata até ficar cremoso. Reserve. Em uma panela, doure a cebola e o alho no óleo de coco, depois acrescente o palmito. Coloque o creme de amido já batido com o leite de coco.

Se preferir, corte a banana em fatias e grelhe em uma frigideira untada no óleo de coco.

Misture tudo com uma espátula e deixe refogando por 10 minutos. Acrescente o pimentão e o tomate. Salpique o sal. Finalize com o coentro. Sirva com pirão de banana-da-terra.

Pirão de banana-da-terra
Descasque e corte a banana. Coloque em uma panela com 1 copo de água e cozinhe bem. Retire a banana da água.

Dia 7
lanche da tarde

⏱ 40 min

Tartelete *raw* de morango com *blueberry*

INGREDIENTES DA MASSA

20 g de amêndoas
20 g de avelã
20 g de castanha de caju
20 g de macadâmia
2 colheres de sopa de mel ou de melado
1 colher de sopa de óleo de coco
½ colher de café de flor-de-sal

Observação: Todas as sementes devem estar cruas e sem sal.

INGREDIENTES DO RECHEIO

50 g de morango
50 g de castanha de caju hidratada
1 colher de açúcar demerara
3 g de agar agar

INGREDIENTES DA CALDA

20 unidades de blueberry
1 colher de chá de açúcar demerara

(MODO DE PREPARO SEGUE NA PRÓXIMA PÁGINA) >>

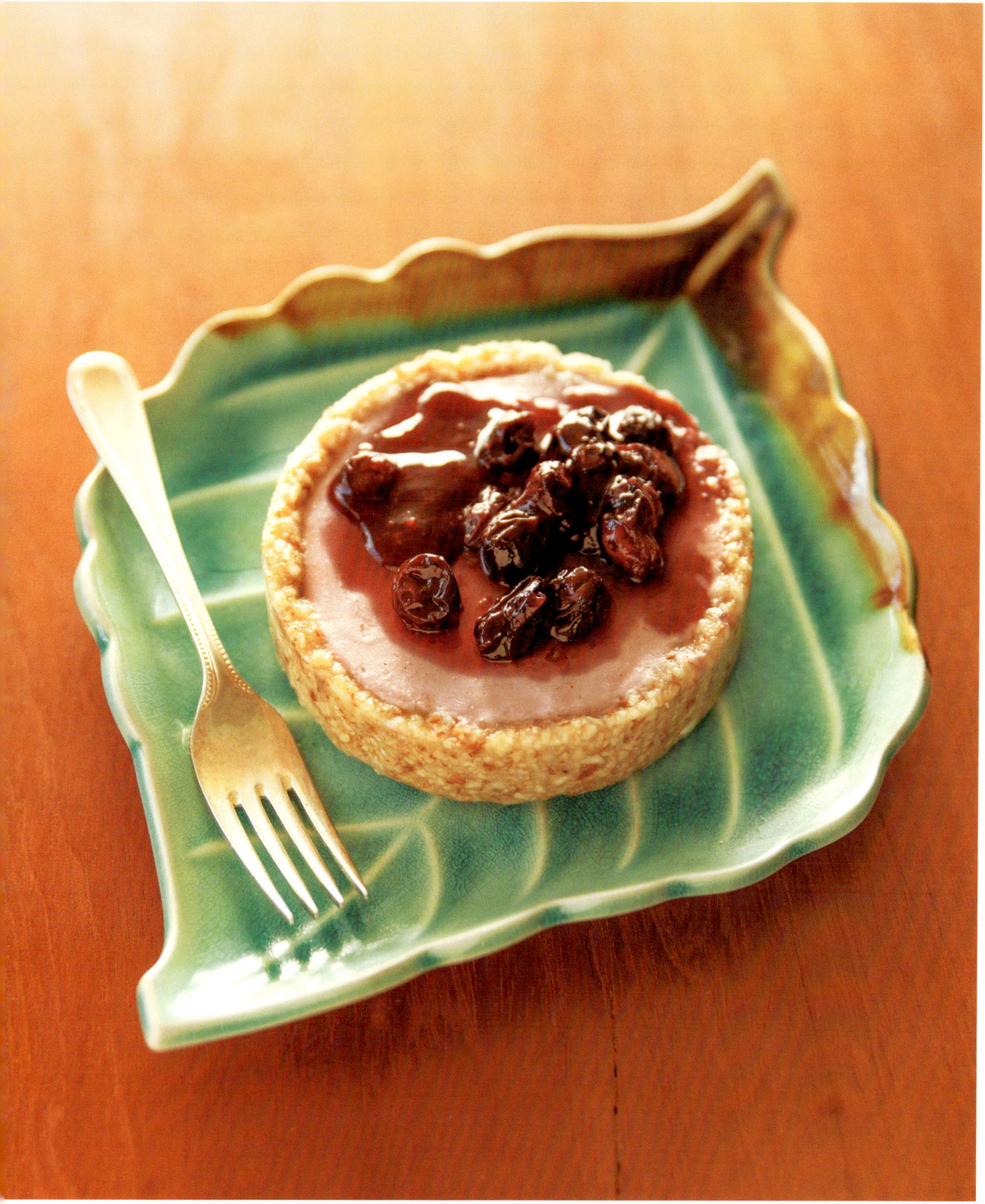

Dia 7
lanche da tarde

MODO DE PREPARO

Massa
Coloque todas as sementes em um processador e use a função pulsar, triturando por 5 vezes, deixando-as em pedaços. Passe as sementes já trituradas para uma tigela, acrescente o restante dos ingredientes e misture-os bem. Use uma forminha de torta, com fundo removível. Coloque a massa nas laterais e depois no fundo, com uma espessura de 2 centímetros. Leve à geladeira.

Recheio
Lave bem a castanha de caju em água corrente e despreze a água que ficou hidratando. Leve ao liquidificador as castanhas, o açúcar demerara, o *agar agar* (já diluído e aquecido), com ½ xícara de chá de água filtrada e bata até ficar sem nenhum pedaço de castanha. Se necessário, desligue o liquidificador, mexa com uma espátula, e volte a bater até obter uma textura bem homogênea, cremosa e sem nenhum pedaço. Adicione os morangos e volte a bater. Pegue a massa no refrigerador e recheie com esse creme. Retorne à geladeira e espere por 20 minutos.

Como diluir o *agar agar*
Em uma panela pequena, dilua o agar agar em ½ xícara de água fria (aproximadamente 50 ml), vá mexendo bem até dissolver todas as bolinhas. Depois leve ao fogo até ferver. Quando branquiar, desligue o fogo e leve ao liquidificador logo em seguida para bater com os Ingredientes do recheio.

Calda
Coloque o *blueberry* junto ao açúcar demerara em uma panela, adicione ½ xícara de chá de água e leve ao fogo por 10 minutos. Espere ferver, mexa bem e reduza um pouco da água. Desligue em seguida. Reserve. Espere esfriar. Retire a tortilha da geladeira, finalize com a calda e sirva gelada.

Você pode variar as frutas e o recheio. Use, por exemplo, maracujá ou manga.

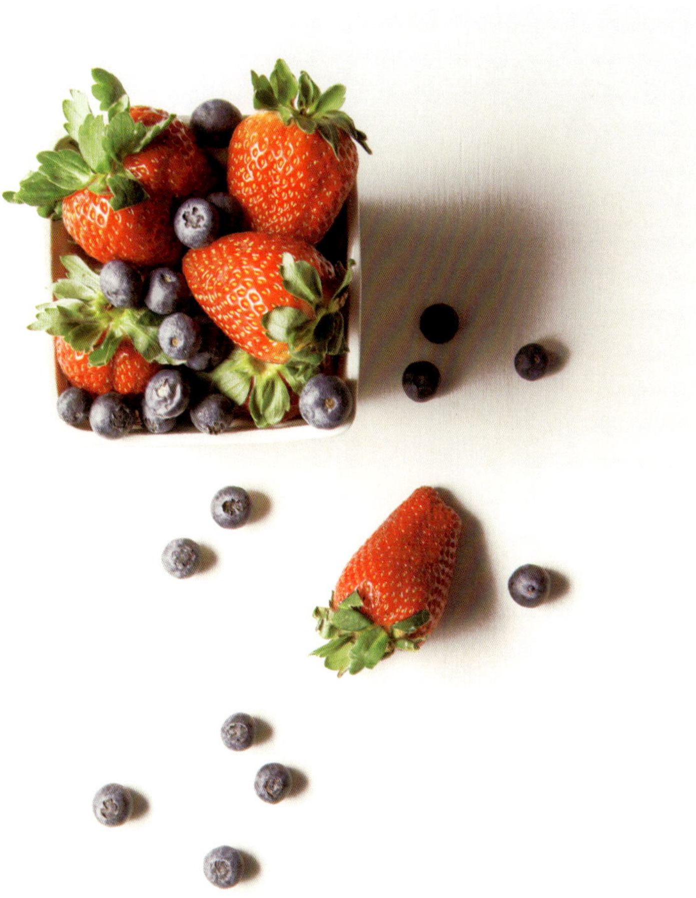

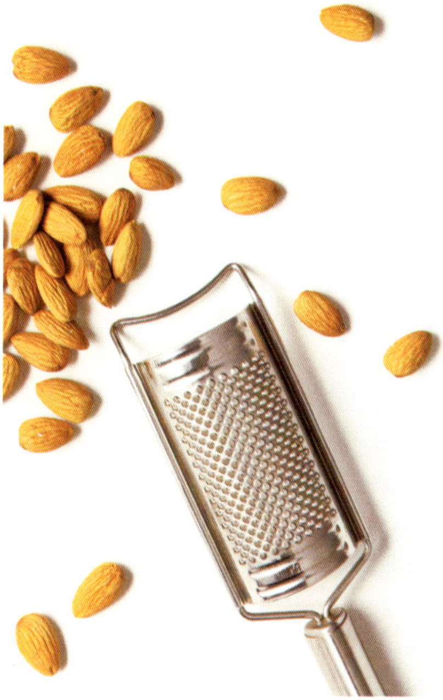

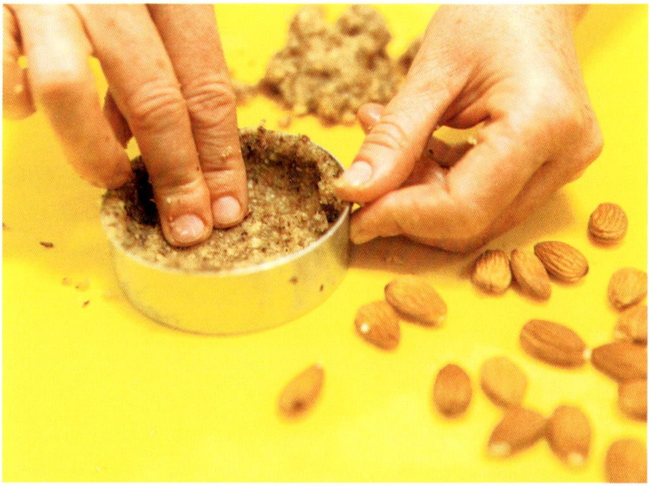

Dia 7
jantar

⏱ 40 min

Sopa de abobrinha com quinoa

INGREDIENTES

200 g de abobrinha
50 g de quinoa marrom
1 dente de alho
2 colheres de azeite extravirgem ou óleo de coco
Sal do Himalaia ou marinho a gosto

Se preferir, bata a quinoa com a abobrinha.

MODO DE PREPARO

Corte e lave a abobrinha. Em uma panela coloque 500 ml de água para ferver. Adicione a abobrinha e deixe cozinhar por 20 minutos. Desligue e reserve.

Em outra panela, doure o alho ralado no azeite ou no óleo de coco. Coloque a abobrinha já cozida junto com a água no liquidificador, adicione o alho dourado no óleo de coco e o sal. Bata tudo até ficar cremoso. Volte à panela e adicione a quinoa. Deixe cozinhar por 10 minutos. Sirva quente.

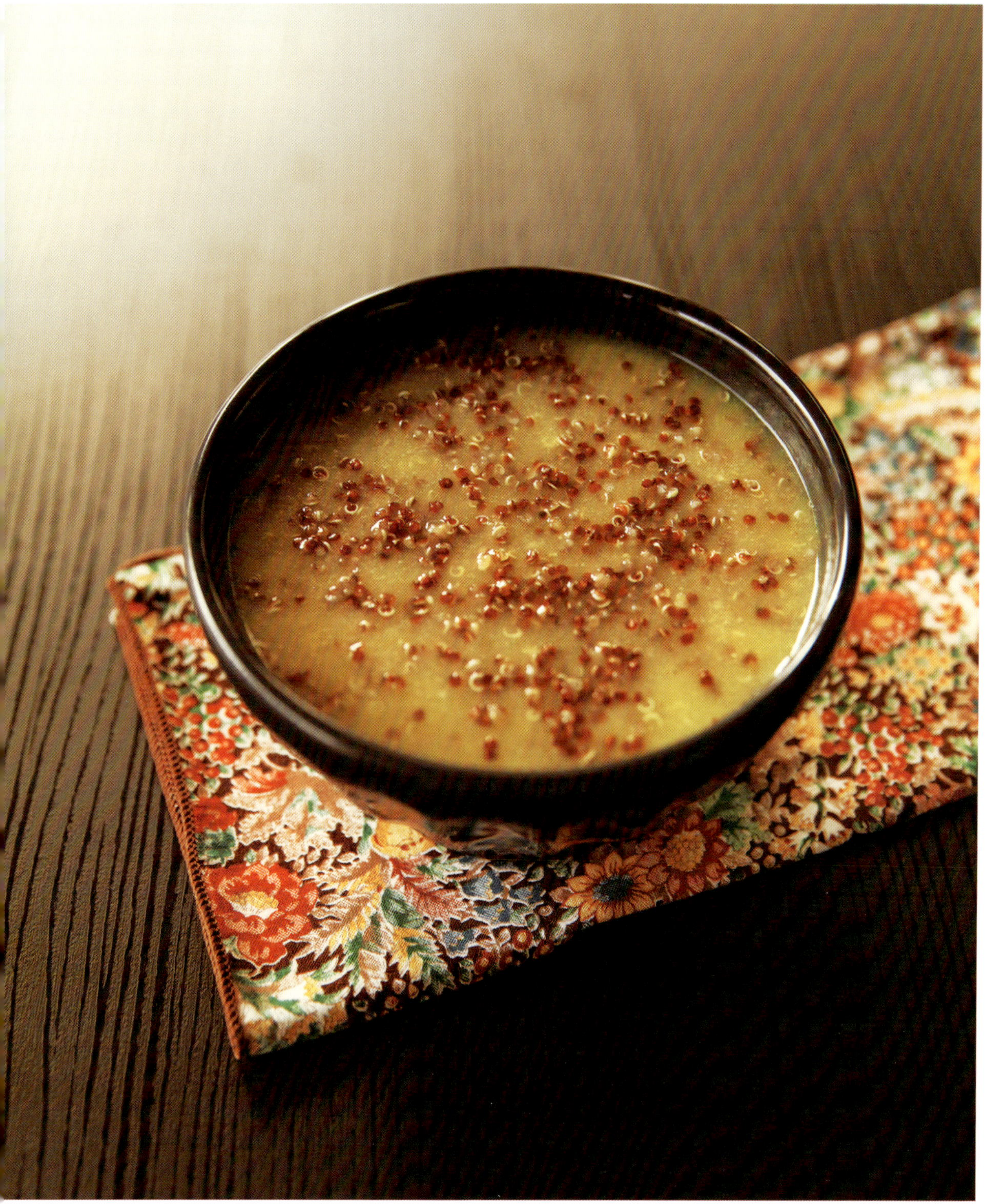

Dia 8
(líquidos)

Coloquei neste livro uma sugestão de Detox Líquido de um dia, totalizando assim 8 dias de DETOX. É um curinga, que você pode usar sempre que ultrapassar os limites no final de semana, querendo limpar-se dos excessos na segunda-feira.

O maior objetivo do Detox Líquido é de limpeza intestinal, pois você não vai consumir nada sólido ou com fibras, estimulando seu organismo a eliminar a retenção hídrica.

Água morna e com suco de um limão Tahiti

Suco verde

Morango com chia

Suco de melão com cúrcuma

Sopa

Chá verde

Suco de cenoura, linhaça dourada, laranja e gengibre

Chá de hibisco

Suco de beterraba e maçã vermelha

Sopa

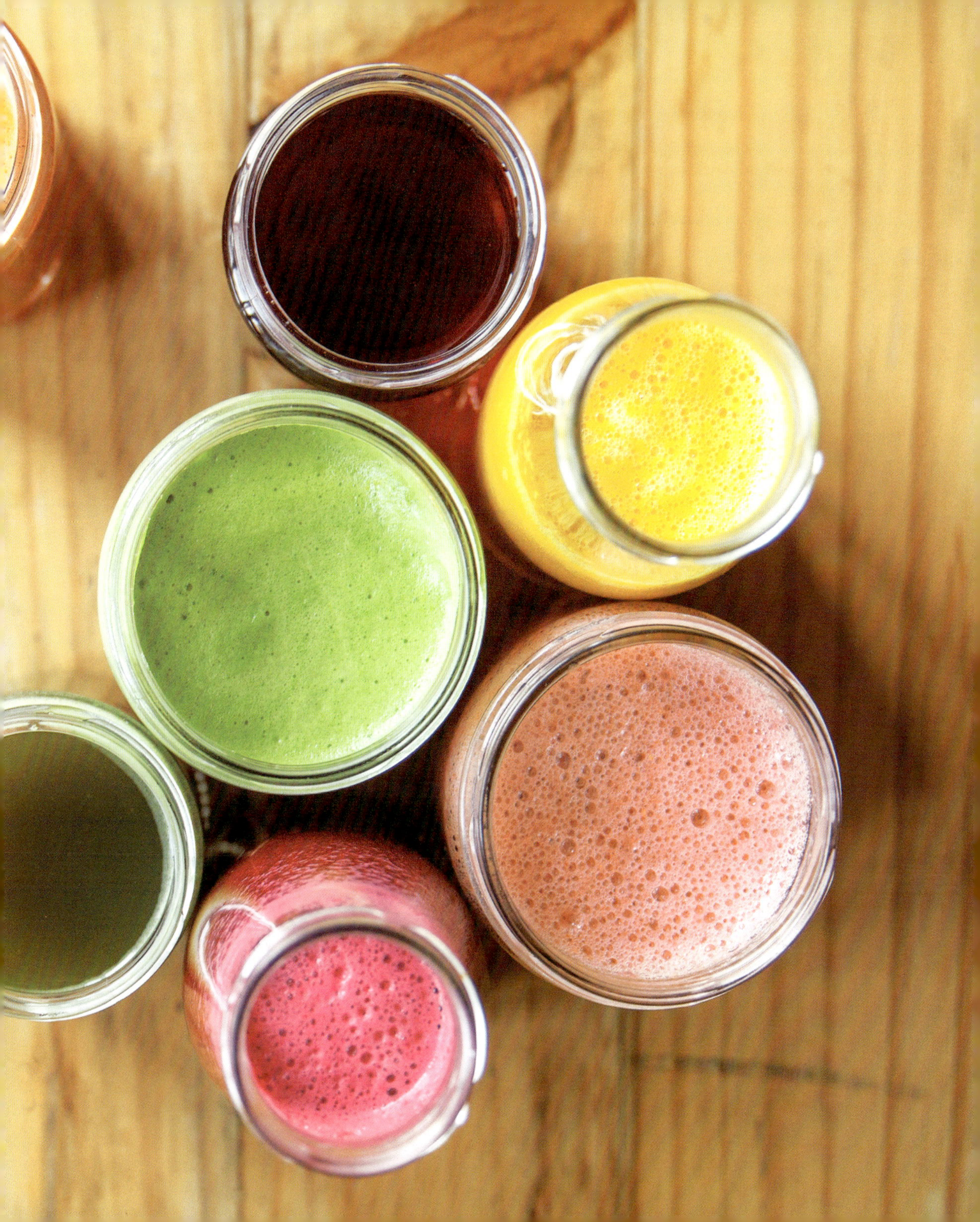

Ao acordar, beba 1 copo de 300 ml com água morna e com o suco de um limão tahiti. Trinta minutos depois, beba um Suco Verde 2.

Morango com chia
lanche da manhã

INGREDIENTES

10 morangos
1 colher de sopa de chia
4 gotas de adoçante stévia

MODO DE PREPARO

Coloque todos os ingrediente no liquidificador, adicione 300 ml de água, 4 pedras de gelo e bata. Consuma em seguida.

No almoço, escolha uma sopa de sua preferência entre as que sugeri para o jantar em dias anteriores

Uma hora após o almoço, beba um suco de melão com cúrcuma.

Suco

INGREDIENTES

100 g de melão
1 colher de chá de cúrcuma em pó ou fresca e ralada

MODO DE PREPARO

Coloque todos os ingrediente no liquidificador, adicione 200 ml de água, 4 pedras de gelo e bata. Consuma em seguida.

Uma hora após o suco de melão com cúrcuma, beba um chá verde (ativador).

Chá verde

INGREDIENTES

1 colher de sopa de chá verde (erva)
500 ml de água

MODO DE PREPARO

Coloque a água no fogo. Desligue o fogo um pouco antes da água ferver. Coloque a erva, tampe e consuma 30 minutos depois.

Uma hora após o chá verde, beba um suco de cenoura, linhaça dourada, laranja e gengibre.

Suco

INGREDIENTES

200 ml de suco de laranja
1 cenoura pequena
1 colher de sopa de linhaça dourada (hidratada por 1 hora em 100 ml de água)
1 pedacinho de gengibre (do tamanho da ponta do seu polegar)

MODO DE PREPARO

Coloque todos os Ingredientes no liquidificador, incluindo a água em que a linhaça ficou hidratando. Adicione 4 pedras de gelo e bata bem. Não precisa coar. Consuma em seguida.

Prepare um litro de chá de hibisco e conserve na geladeira. Consuma entre um suco e outro. Você deve consumir no mínimo 1 litro no decorrer do dia.

Chá de hibisco

INGREDIENTE

Erva de hibisco desidratada

MODO DE PREPARO

Coloque a água no fogo. Desligue o fogo um pouco antes da água ferver. Coloque a erva, tampe e consuma 30 minutos depois.

Uma hora após o suco de cenoura, linhaça dourada, laranja e gengibre, beba um suco de beterraba e maçã vermelha.

Suco

INGREDIENTES

3 maçãs
1 beterraba pequena

MODO DE PREPARO

Passe as maçãs e a beterraba na centrífuga. Consuma em seguida.

Para jantar escolha uma sopa de sua preferência entre as que sugeri para o jantar em dias anteriores.

Dicas pós
Detox

Aprenda a combinar os alimentos para não cometer erros na alimentação

Frutas só combinam com frutas
Pois se forem associadas com outro alimento ficarão muito mais tempo no estômago, fermentando e estragando tudo o que estiver junto com elas. O limão e abacates são as exceções porque podem ser usados em pratos de saladas como ingrediente ou tempero.

Proteínas animais com carboidratos
O tempo de digestão da proteína e dos carboidratos são diferentes, tendo cada um desses alimentos necessidade de um suco digestivo distinto para ser digerido. Esses sucos não combinam entre si. Se consumidos ao mesmo tempo a reação química entre eles será neutralizada e a digestão anulada.

Proteínas com proteínas
Quando ingeridas simultaneamente, o organismo não consegue processá-las corretamente. Exemplo: bife a cavalo – carne, queijo, ovo.

Líquidos e sólidos
A ingestão de líquidos durante as refeições dilata o estômago e atrapalha a digestão, pois dilui os sucos digestivos e diminui seu potencial de ação. Mas não esqueça que deve tomar pelo menos dois litros de água por dia, pois ajuda na eliminação das toxinas.

Evite comer em excesso

Queijos
Se a sua opção é continuar ingerindo queijos, elimine queijos tipo *cheddar*, parmesão e queijos amarelos. Opte por queijos de cabra, queijo *cottage*, mussarela de búfala *light* ou queijo minas.

Margarina
Recorra a pastinhas de sementes ou soja, azeite com ervas ou pastinhas de berinjela. Entre margarina e manteiga, escolha sempre a manteiga.

Leite
Substitua o leite de origem animal por leite de amêndoas, arroz ou soja.

Ovos
Escolha sempre os orgânicos.

Açúcar branco
Substitua por agave, mel, melado ou açúcar mascavo.

Sal refinado
Troque por sal marinho ou por gersal (mistura de gergelim com sal marinho).

Alimentos fritos
Escolha antes (e sempre) alimentos assados ou grelhados.

Farinha de trigo
Opte por farinha sem glúten (mix farinhas sem glúten) ou recorra sempre a farinha integral.

Carnes

De preferência, carnes magras. Intercale as carnes vermelhas com as carnes brancas (peixes e aves) porque são de mais fácil digestão.

Para que seu organismo continue no processo de desintoxicação é preciso que você respeite cinco princípios básicos:

- Comer 70 % de alimentos crus
- Evitar ou eliminar alimentos que produzam toxinas
- Respeitar as etapas do processo digestivo (horários)
- Combinar os alimentos corretamente

Grafia atualizada segundo o Acordo Ortográfico da Língua Portuguesa de 1990, em vigor no Brasil desde 2009.

LÍNGUA GERAL

Coordenação Editorial
Fátima Otero
Júlia Otero

Editor
Eduardo Coelho

Assistente Editorial
Rebeca Fuks

Administração
Lysa Reis

Assistente de Administração
Paulo Roberto

Assistente Comercial
Eliane Santos

EQUIPE EXTERNA

Fotos e Produção de Fotografia
Rubens Kato

Direção de Arte e Projeto Gráfico
Maria Lago

Gráfica
Gráfica Santa Marta

© Todos os direitos desta edição reservados à Língua Geral Livros Ltda.
Rua Marquês de São Vicente, 336   Rio de Janeiro, RJ   22451-040
tel.: (21) 2279-6184   fax: (21) 2279-6151   www.linguageral.com.br

CIP-BRASIL. CATALOGAÇÃO-NA-FONTE
SINDICATO NACIONAL DOS EDITORES DE LIVROS, RJ

H448d

   Henrique, Andrea
      Detox 8 / Andrea Henrique. 1. ed. - Rio de Janeiro : Alfa Livros, 2015.
   136 p. : il. ; 21 cm.

   ISBN 978-85-5516-005-9

1. Alimentos naturais. 2. Nutrição. I. Título.

15-27409   CDD: 613.2
                 CDU: 613.2

20/10/2015 20/10/2015

Este livro foi composto em Source Sans Pro sobre papel couché fosco
e impresso em novembro de 2015.